Mário Mascarenhas

O MELHOR DA MÚSICA POPULAR BRASILEIRA
com cifras para: piano, órgão, violão e acordeon

100 sucessos

VOL. X

Nº Cat.: 231-A

Irmãos Vitale Editores Ltda.
vitale.com.br
Rua Raposo Tavares, 85 São Paulo SP
CEP: 04704-110 editora@vitale.com.br Tel.: 11 5081-9499

© Copyright 2005 by Irmãos Vitale Editores Ltda. - São Paulo - Rio de Janeiro - Brasil.
Todos os direitos autorais reservados para todos os países. *All rights reserved.*

Dados Internacionais de Catalogação na Publicação (CIP)
(Câmara Brasileira do Livro, SP, Brasil)

M461   v.10

O melhor da música popular brasileira, v.10 : com cifras para piano, órgão, violão e acordeon / [seleção e transcrição] Mário Mascarenhas. - São Paulo : Irmãos Vitale, 2005
   música

ISBN nº 85-7407-200-1
ISBN nº 978-85-7407-200-5

1. Música popular - Brasil. 2. Partituras. I. Mascarenhas, Mário, -1933.

05-1779.   CDD 784.500981
                         CDU 78.067.26(81)

06.06.05   10.06.05   010466

Mário Mascarenhas

Mário Mascarenhas é o autor desta magnífica enciclopédia musical, que por certo irá encantar não só os músicos brasileiros como também os músicos de todo mundo, com estas verdadeiras e imortais obras primas de nossa música

CRÉDITOS

ILUSTRAÇÃO DA CAPA
Lan

PRODUÇÃO GRÁFICA
Marcia Fialho

REVISÃO DE TEXTO
Maria Helena Guimarães Pereira

ARRANJOS PARA PIANO
Edson Frederico / Marco Antonio Bernardo

REVISÃO MUSICAL / DIAGRAMAÇÃO DAS PARTITURAS
Claudio Hodnik

GERENTE DE PROJETO
Denise Borges

PRODUÇÃO EXECUTIVA
Fernando Vitale

NOTA DO EDITOR

A coleção O Melhor da Música Popular Brasileira, de autoria do falecido Prof. Mário Mascarenhas, foi idealizada, na década de 80, para registrar as partituras das mais famosas composições musicais de autores brasileiros, num total de mil obras.

Este volume X vem dar seqüência ao desejo do autor em homenagear a nossa cultura musical, incorporando à coleção cem expressivas obras que se tornaram famosas no Brasil e no exterior.

Várias dessas canções foram selecionadas e transcritas para piano em arranjos elaborados pelo próprio Prof. Mascarenhas. Todavia, com o objetivo de incluir na coleção importantes músicas compostas nos últimos anos, acrescentamos obras inéditas à seleção original, seguindo o mesmo estilo dos arranjos do autor, conforme autorização de seus herdeiros.

Fernando Vitale

ÍNDICE

A LUA Q EU T DEI - Herbert Vianna	10
A MULHER QUE FICOU NA TAÇA - Francisco Alves e Orestes Barbosa	14
A PRIMEIRA VISTA - Chico César	12
A TERCEIRA LMINA - Zé Ramalho	52
ACELEROU - Djavan	16
ALVORECER - Délcio Carvalho e Yvone Lara	7
AMAR É TUDO - Djavan	18
ASSIM CAMINHA A HUMANIDADE - Lulu Santos	20
AVE MARIA DOS NAMORADOS - Ewaldo Gouveia e Jair Amorim	22
BLUES DA PIEDADE - Frejat e Cazuza	24
BOM DIA - Herivelto Martins - Aldo Cabral	27
BYE BYE BRASIL - Chico Buarque de Holanda e Roberto Menescal	30
CALÚNIA - Marino Pinto - Paulo Soledade	32
CASO SÉRIO - Rita Lee e Roberto de Carvalho	34
CHORANDO BAIXINHO - Abel Ferreira	38
CHUVA - Durval Ferreira - Pedro Camargo	36
CIGANO - Djavan	44
CIRANDEIRO - Edu Lobo - Capinan	46
CLUBE DA ESQUINA Nº 2 - Milton Nascimento, Lô Borges e Márcio Borges	50
COISA FEITA - João Bosco, Paulo Emílio e Aldir Blanc	41
COR DE ROSA CHOQUE - Rita Lee e Roberto de Carvalho	56
CORAÇÃO VAGABUNDO - Caetano Velloso	58
DEUS LHE PAGUE - Chico Buarque de Holanda	60
DEVOLVA-ME - Renato Barros e Lilian Knapp	63
DIVINA COMÉDIA HUMANA - Belchior	68
DOM DE ILUDIR - Caetano Veloso	66
É DO QUE HÁ - Luiz Americano	71
É O AMOR - Zezé di Camargo	76
ENTRE TAPAS E BEIJOS - Nilton Lamas e Antônio Bruno	74
ESPERANDO NA JANELA - Targino Gondim, Manuca Almeida e Raimundinho do Acordeon	79
ESQUADROS - Adriana Calcanhotto	82
ESTE SEU OLHAR - Antonio Carlos Jobim	92
ESTRADA AO SOL - Antonio Carlos Jobim e Dolores Duran	86
ESTRADA DA VIDA - José Rico	88
EU VELEJAVA EM VOCÊ - Eduardo Dusek e Luiz Carlos Goes	90
FEITINHA PRO POETA - Baden Powell e Lula Freire	98
FEZ BOBAGEM - Assis Valente	95
FORMOSA - Baden Powell e Vinicius de Moraes	100
FULLGAS - Marina Lima e Antônio Cícero	102
GOOD BYE BOY - Assis Valente	106
INFINITO DESEJO - Gonzaga Júnior	112
IRACEMA - Adoniran Barbosa	114
JOÃO VALENTÃO - Dorival Caymmi	109
JUÍZO FINAL - Nelson Cavaquinho e Élcio Soares	116
LANÇA PERFUME - Rita Lee e Roberto de Carvalho	120
LATIN LOVER - João Bosco e Aldir Blanc	118
LEÃO FERIDO – Biafra e Dalto	126

LUA DE SÃO JORGE - Caetano Veloso	123
LUZ E MISTÉRIO - Beto Guedes e Caetano Velloso	128
MAIS FELIZ - Bebel Gilberto, Cazuza e Dé	134
MAIS UMA VALSA, MAIS UMA SAUDADE - José M. de Abreu e Lamartine Babo	136
MALANDRAGEM - Cazuza e Frejat	131
MENTIRAS - Adriana Calcanhotto	138
METADE - Adriana Calcanhotto	140
METAMORFOSE AMBULANTE - Raul Seixas	142
MINHA VIDA - Lulu Santos	148
MINHAS MADRUGADAS - Paulinho da Viola e Candeia	145
NÃO ME CULPES - Dolores Duran	150
NÃO TEM TRADUÇÃO - Francisco Alves e Noel Rosa	152
NAQUELA ESTAÇÃO (Leila L) - Caetano Veloso, João Donato e Ronaldo Bastos	154
NÚMERO UM - Benedito Lacerda e Mário Lago	156
O QUE É, O QUE É - Gonzaga Júnior	162
O QUE TINHA DE SER - Antônio Carlos Jobim e Vinicius de Moraes	166
O SONHO - Egberto Gismonti	159
O TEMPO NÃO PARA - Cazuza e Arnaldo Brandão	168
OBA LA LA - João Gilberto	172
ONTEM AO LUAR - Catulo da Paixão Cearense e José Pedro de Alcantara	174
OURO DE TOLO - Raul Seixas	177
PARTIDO ALTO - Chico Buarque de Holanda	180
PAU DE ARARA - Guio de Moraes e Luiz Gonzaga	182
PEDACINHOS - Guilherme Arantes	184
PELA RUA - J. Ribamar e Dolores Duran	186
PENSAMENTOS - Roberto Carlos e Erasmo Carlos	188
PODER DA CRIAÇÃO - João Nogueira e Paulo César Pinheiro	190
POR CAUSA DESTA CABOCA - Ary Barroso e Luiz Peixoto	196
POR ENQUANTO - Renato Russo	200
POR QUEM SONHA ANA MARIA - Juca Chaves	202
PORTA ESTANDARTE - Geraldo Vandré e Fernando Lona	204
PRA QUE DINHEIRO - Martinho da Vila	206
PRAÇA ONZE - Grande Otelo e Herivelto Martins	193
PRECISO DIZER QUE TE AMO - Dê, Bebel Gilberto e Cazuza	208
PRECISO ME ENCONTRAR - Candeia	210
PUNK DA PERIFERIA - Gilberto Gil	212
RAINHA PORTA-BANDEIRA - Edu Lobo e Rui Guerra	214
RESPOSTA AO TEMPO – Aldir Blanc e Cristovão Bastos	216
RIO - Ary Barroso	220
SE... - Djavan	224
SEI LÁ A VIDA TEM SEMPRE RAZÃO - Toquinho e Vinícius de Moraes	226
SENTIMENTAL DEMAIS - Ewaldo Gouveia e Jair Amorim	228
SERENATA DO ADEUS - Vinicius de Moraes	230
SINAL FECHADO - Paulinho da Viola	232
SÓ PRA TE MOSTRAR - Herbert Vianna	235
SOZINHO - Peninha	238
SUAVE VENENO - Aldir Blanc e Cristovão Bastos	240
TRISTE - Antonio Carlos Jobim	242
VALSA DE REALEJO - Guinga e Paulo César Pinheiro	244
VIAGEM - Taiguara	246
VILA ESPERANÇA - Marcos César e Adoniran Barbosa	248
VOCÊ – Tim Maia	251
VOU VIVENDO - Pixinguinha e Benedito Lacerda	254

Alvorecer

Délcio de Carvalho e
Ivone Lara

© Copyright 1974 by EDIÇÕES MUSICAIS SAMBA LTDA.
Todos os direitos autorais reservados para todos os países. All rights reserved.

TOM – LÁ MAIOR – A E7 A
INTRODUÇÃO – D7M Dm7 C#m7 F#7 Bm7 E A6
F#7 Bm7 E7

   A6   F#7   B7
Olha como a flor se acende
           Bm7 E7   A6
Quando o dia   amanhece
          C#7   F#m7
Minha mágoa se esconde
B7   Bm7 E7
A esperança aparece
A6   F#7   B7
O que me restou da noite
      Bm7   Em7
O cansaço,   a incerteza
A7 D6 Dm7   A6 F#7   B7   E7 Em7
Lá se vão   na beleza   desse lindo alvorecer
A7 D6 Dm7   A6 F#7   B7   E7   A6
Lá se vão   na beleza   desse lindo alvorecer.

A6 A#6

Bm7   E7   A6
E esse mar em revolta que canta na areia
C#7   F#m7
Qual a tristeza que trago em minh'alma campeia
          Bm7   E7   A
Quero solução, sim,   pois quero cantar
      F#   Bm7
Desfrutar dessa alegria
E7   C#°   F#7
Que só me faz despertar do meu penar
Bm7   E7   A6
E esse canto bonito que vem da alvorada
C#7   F#m7
Não é meu grito aflito pela madrugada
         Bm7 E7   A
Tudo tão suave,   liberdade em cor
  F#7   Bm7 E7 A6
O refúgio da alma vencida pelo desamor.

A Lua q eu t dei

Herbert Vianna

© Copyright 2000 by EDIÇÕES MUSICAIS TAPAJÓS LTDA.
Todos os direitos autorais reservados para todos os países. All rights reserved.

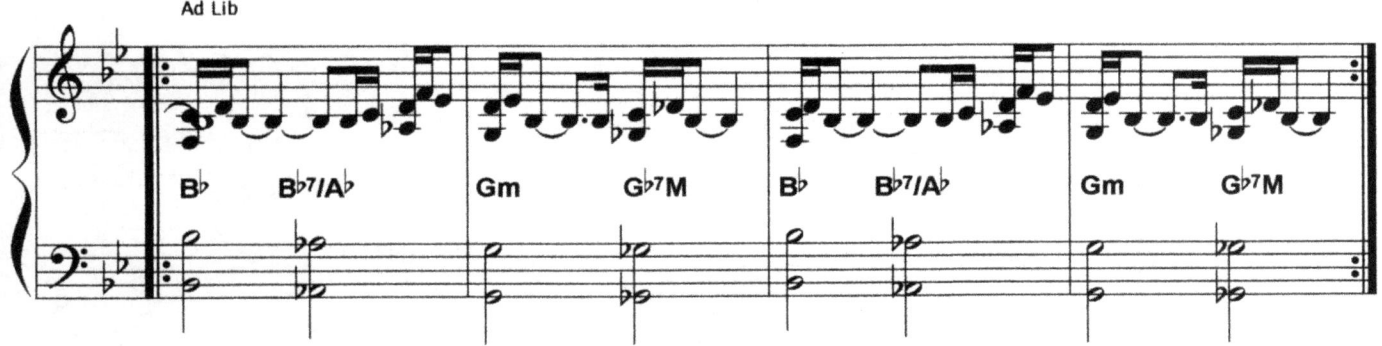

```
TOM – SI BEMOL MAIOR – Bb  F7  Bb
INTRODUÇÃO – Bb  Bb7/Ab  Gm  Gb7M
```

Bb   Bb/Ab
Posso te falar dos sonhos
     Gm   Eb
Das flores, de como a cidade mudou
Bb   Bb/Ab
Posso te falar do medo
    Gm   Eb
Do meu desejo, do meu amor
Bb Dm Eb
Posso falar da tarde que cai
   E°   Bb/F Dm Gm
E aos poucos deixa ver no céu a lua
    Gb7   Bb Bb7/Ab Gm Gb7M
Que um dia eu te dei
Bb   Bb/Ab
Gosto de fechar os olhos

  Gm   Eb
Fugir do tempo, de me perder
Bb   Bb/Ab
Posso até perder a hora
    Gm   Eb
Mas sei que já passou das seis
Bb   Dm Eb
Sei que não há no mundo
   E° Bb/F
Quem possa te dizer
   Dm Gm Gb7   Gm
Que não é tua a lua que eu te dei
   Gb7M   Bb/F   E°
Pra brilhar por onde você for
    Eb   F
Me queira bem, durma bem
    Bb Bb7/Ab Gm Gb7M
Meu amor.

À Primeira Vista

Chico César

© Copyright by VELAS EDIÇÕES MUSICAIS LTDA.
Adm. UNIVERSAL MUSIC PUBLISHING LTDA.
Todos os direitos autorais reservados para todos os países. All rights reserved.

Tom: Eb
Intro: Eb(add9); Eb

Eb
    Quando não tinha nada eu quis
Cm
    Quando tudo era ausência, esperei
Ab
    Quando tive frio, tremi
F7   Bb7sus4   Bb7
    Quando tive coragem, liguei
Eb
    Quando chegou carta, abri
Cm
    Quando ouvi Prince, dancei
Ab
    Quando o olho brilhou, entendi
F7   Bb7sus4   Bb7
    Quando criei asas, voei

Eb
    Quando me chamou, eu vim
Cm
    Quando dei por mim, 'tava aqui
Ab
    Quando lhe achei, me perdi
Fm7(9)   Bb7   Eb
    Quando vi você, me a - pai - xo - nei
Cm
    Amara, dzaia, zoi, ei
Ab   F7(b9)
    Dzaia, dzaia, ain, in, in, ingá
                    Bb7
    Num, man an
Eb   Cm
    O, Amara, dzaia, zoi, ei
Ab   F7(b9)
    Dzaia, dzaia, ain, in, in, ingá
                    Bb
    Num, man an

A mulher que ficou na taça

Francisco Alves e Orestes Barbosa

Tom: Em
Introdução: Em B7/E Em C F#7/C# F#m7(b5)/C B7

Em   D7/A
Fugindo da nostalgia
D7   C
Vou procurar alegria
            B F E E/F# E/G#
Na ilusão dos cabarés
Am   Am6   Em
Sinto beijos no meu rosto
     Em/D   F#7/C#
E bebo por meu desgosto
   F#7   F#m7(b5)/B B
Relembrando o que tu és.

Em   D7/A
E quando bebendo espio
D7   C
Um taça que esvazio
             B F E E/F# E/G#
Vejo uma visão qualquer
Am   Am6   Em
Não distingo bem o vulto
     Em/D   F#7/C#
Mas deve ser do meu culto
   F#m7 B Em
O vulto desta mulher.

Am   A#°   G/B
Quanto mais ponho bebida
        E   Am7
Mais a sombra colorida
     D   G E E/F# E/G#
Aparece ao meu olhar
Am   Am6   Em
Aumentando o sofrimento
     Em/D   F#7/C#
No cristal em que, sedento
   F#7   B B7
Quero a paixão sufocar.

Am   A#°   G/B
E no anseio da desgraça
        E   Am7
Encho mais a minha taça
     D   G E E/F# E/G#
Para afogar a visão
Am   Am6   Em
Quanto mais bebida eu ponho
     Em/D   F#/C#
Mais cresce a mulher no sonho
   B7   Em C7 B7 (para repetir)
          Em Am F#m7(b5) Em (para finalizar)
Na taça e no coração.

Acelerou

Djavan

© Copyright 1999 by LUANDA EDIÇÕES MUSICAIS LTDA.
Todos os direitos autorais reservados para todos os países. All rights reserved.

Tom: Am
Intro: 2 vezes - Am7 Fmaj7 Dm7(9) Fmaj7 E7 E7/G#

Am7   F   E
Ando tão perdido em meus pensamentos
Am7   Bm7(b5)   E7
Longe já se vão os meus   dias   de   paz
Am7   F   E
Hoje com a lua clara brilhando
Am7   Bm7(b5)   E7
Vejo o que sinto por   ti   é   mais.
Am   F
Quando te vi ,aquilo era quase o amor
            Dm
Você me acelerou, acelerou
      F6   E7
Me deixou desigual
Am
Chegou pra mim
              F
Me deu um daqueles sinais
         Dm
Depois desacelerou
      F6   E7
E eu fiquei muito mais.
Am7   F   E
Sempre esperarei por ti chego quando
Am7   Bm7(b5)   E7
Sonho em teus braços dor - mir, descansar
Am7   F   E
Venha e a vida pra você será boa
Am7   Bm7(b5)   E7
Cedo, que é pra gente se   a - mar   a   mais.
Am   F
Quando te vi , aquilo era quase o amor
            Dm
Você me acelerou, acelerou

      F6   E7
Me deixou desigual
Am
Chegou pra mim
              F
Me deu um daqueles sinais
         Dm
Depois desacelerou
      F6   E7
E eu fiquei muito mais
F7
Muito mais perdido, quase um cara vencido
À mercê de amigo ou coisa que o valha
Você me enlouquece, você bem que merece
Inda me aparece de minissaia.

Am7   F   E
Sério o que eu vou fazer, eu te amo
Am7   Bm7(b5)   E7
Nada do que é você em   mim   se   desfaz
Am7   F   E
Mesmo sem saber o teu sobrenome
Am7   Bm7(b5)   E7
Creio que te amar é pra sem - pre e mais.
Am
Quando te vi
              F
Aquilo era quase o amor
            Dm
Você me acelerou, acelerou
      F6   E7
Me deixou desigual
Am
Chegou pra mim
              F
Me deu um daqueles sinais
         Dm
Depois desacelerou
      F6   E7
E eu fiquei muito mais.

Amar é tudo

Djavan

© Copyright 1998 by LUANDA EDIÇÕES MUSICAIS LTDA.
Todos os direitos autorais reservados para todos os países. All rights reserved.

Tom: C
Intro: C7M(9) Ab7(9, #11) Db7M(9) Dm7(b5) G7(b13)

C7M(9)
Meu amor

Eu nem sei te dizer quanta dor
                    Ab7(9, #11) Db7M(9)
Mesmo   a   noite   não   sabia
                        Dm7(b5) G7(b13)
O que o amor es – con - di - a
C7M(9)
Minha vida

Que fazer com minh`alma perdida?
                Ab7(9, #11)   Db7M(9)
Foi um ra – io de   ilusão
                Dm7(b5) G7(b13)
Bem no meu co - ra - ção
   C7M(9)
  E   veio com tudo
C7(13)   F6   Bb7(9,#11)
Dissabor e tudo
   C7M(9)
Veio com tudo
C7(13)   F6   Bb7(9,#11)
Dissabor e tudo

         Cm7
            Eu sei
         Bbm7   Eb7/Bb   Ab7M   Ab6
          Eu   não   sei   viver
DM7(9)   G7(b13)
          Sem   ela
         C7M(9)
         Assim,
         Bbm7   Eb7/Bb   Ab7M   Ab6
          Um   simples   pra - zer
          Db7M(9)   G7(b13)
         Me   de - ses - pe - ra
         C7M(9)
         Ninguém
         Bbm7   Eb7/Bb   Ab7M   Ab6
          Po - de que - rer bem
         Db7M(9)   G7(b13)
         Sem   ralar
         C7M(9)
         Não há
         Bbm7   Eb7/Bb   Ab7M   Ab6
          Na - da o que fa - zer
         Db7M(9)   G7(b13)   Cm7(9)
         A - mar é   tu - do.

Assim caminha a humanidade

Lulu Santos

Tom: D
Introdução: D Em F#m D Em F#m D

D
    Ainda vai levar um tempo
D7M   B7   Em
  Pra fechar o que feriu por dentro
            Em7
   Natural que seja assim
Gm7
    Tanto pra você quanto pra mim
D Em F#m D
D
   Ainda leva uma cara
D7M   B7
  Pra gente poder dar risada
Em   Em7
   Assim caminha a humanidade

Gm7   D
  Com passos de formiga e sem vontade
    B7   Em7
 Não vou dizer que foi ruim
    Gm7   D7M
 Também não foi tão bom assim
 B7   Em7
 Não imagine que te quero mal
   Gm7   D   Em F#m
 D
 Apenas não te quero mais
    E/D   Gm/D
 Não te quero mais,   não mais.
 D   Em F#m
 Yeah

Final: D Em F#m D Em F#m D Em F#m D

Ave Maria dos Namorados

Ewaldo Gouveia e
Jair Amorim

© Copyright 1962 by EDITORA NOSSA TERRA LTDA.
Todos os direitos autorais reservados para todos os países. All rights reserved.

TOM – SOL MAIOR – G D G
INTRODUÇÃO – G Em7 Am7 D7

    G7M   Bm7 E7
Ave Maria rogai por nós
        Am7 Bº E7
os namorados
      Am7   D7   G7M
Iluminai com vossa luz nossos amores
      Bº   E7
Se somos nós hoje ou depois
        Am7   Cm7
Mais pecadores
         G7M   Am
Por nós rogai que o nosso amor
D7   G6 Em Am7 D7
Perdoai

     G7M   Bm7 E7
Bendita sois por todo o bem
      Am7 Bº E7
Que me fizeste
      Am7   D7   G7M
E abençoai o amor que destes para mim
      Bº   7   E7
Mas não deixeis que entre nós dois
  Am   Cm D7
Exista mais ninguém
      G7M   Am D7
Que seja assim até o fim
  G6   (Em Am7 D7)
Amém.

Blues da Piedade

Frejat e Cazuza

© Copyright 1988 by CAZUZA/ WARNER CHAPPELL EDIÇÕES MUSICAIS LTDA.
Todos os direitos autorais reservados para todos os países. All rights reserved.

Tom: Em
Intro: B7(b13) Em7 G7 A7 Em7(9)

Em7
        Agora eu vou cantar pros miseráveis
G7(13)
        Que vagam pelo mundo derrotados
A7(13)
        Pra essas sementes mal plantadas
           B7
        Que já nascem com cara de abortadas
Em7
        Pras pessoas de alma bem pequena
           C7(9)
        Remoendo pequenos problemas
A7(13)   Em7
        Querendo sempre aquilo que não têm
Em7
        Pra quem vê a luz
           C7(9)
        Mas não ilumina suas minicertezas
A7(13)
        Vive contando dinheiro
          Em7(9)   Bb7(13)
        E não muda quando é lua cheia
A7   Em7 Bb7(13)
        Pra quem não sabe amar
A7
        Fica esperando
              Em7
        Alguém que caiba no seu sonho
          A7(13)
        Como varizes que vão aumentando
          B7(b13)
        Como insetos em volta da lâmpada
        G6   F#7(b9) A7(9)   Em(sus4)
        Vamos pedir piedade, Senhor,   piedade

G   F#7   Em7
Pra essa gente careta e covarde
G6   F#7(b9) A7(9)   Em(sus4)
Vamos pedir piedade, Senhor,   piedade
A7   Em7
Lhes dê grandeza e um pouco de coragem.
Em7
Quero cantar só para as pessoas fracas
C7(9)
Que estão no mundo e perderam a viagem
A7(13)
Quero cantar os blues
        Em7
Com o pastor e o bumbo na praça
Em
Vamos pedir piedade
        C7(9)
Pois há um incêndio sob a chuva rala
A7(13)
Somos iguais em desgraça
        B7(9,#11)
Vamos cantar o blues da piedade
G6   F#7(b9) A7(9)   Em(sus4)
Vamos pedir piedade, Senhor,   piedade
G   F#7   Em7
Pra essa gente careta e covarde
G6   F#7(b9) A7(9)   Em(sus4)
Vamos pedir piedade ,Senhor,   piedade
A7   Em7
Lhes dê grandeza e um pouco de coragem.

Bom Dia

Herivelto Martins e
Aldo Cabral

```
TOM – LÁ BEMOL MAIOR – Ab  Eb  Ab
INTRODUÇÃO – Ab  Bbm7  Eb7
```

Ab   Eb7   Ab
Amanheceu, que surpresa
Bb   Eb7   Ab
Me reservava a tristeza
Bbm7   Eb7   Ab   C7
Nessa manhã muito fria
Fm   C7   Fm
Houve algo de anormal
C7   Eb
Sua voz habitual
     Bbm7 Eb7 Ab Bbm7 Eb7
Não ouvi dizer bom dia.
Ab   Eb7   Ab
Seu travesseiro vazio
Bbm7   Eb7   Ab
Provocou-me um arrepio
      Ab7   Db Ab7
Levantei-me sem demora
    Dbm   Ab
E a ausência dos teus pertences
    F7   Bbm7
Me disse não te convences

    Eb7   Ab   C7
Paciência, ela foi embora.
Fm   C7   Fm
Nem sequer no apartamento
    C7   Fm
Deixaste um eco, um alento
Eb7   Ab
Da tua voz tão querida
  Bbm7   Eb7 Ab
E eu concluí de repente
             G7
Que o amor é simplesmente
     Fm   Bbm7 Eb7
O ridículo da vida.
Ab   C7   Fm
Num recurso derradeiro
   C7   Fm
Corri até o banheiro
Bbm7   Eb7   Ab
Pra te encontrar, que ironia
Bbm7   Eb7   Ab
Que erro tu cometeste
            G7
Na toalha que esqueceste
  G7   Cm   Eb
Estava escrito bom dia.

Bye, bye Brasil

Chico Buarque de Holanda e
Roberto Menescal

© Copyright 1980 by WARNER CHAPPELL EDIÇÕES MUSICAIS LTDA.
© Copyright 1980 by CARA NOVA EDITORA MUSICAL LTDA.
Todos os direitos autorais reservados para todos os países. All rights reserved.

```
TOM – Dó MAIOR – Dó  Sol Dó
INTRODUÇÃO – Em7  A7
```

Dm7(9)
Oi coração
     G7(9)
Não dá pra falar muito não
    C7M
Espera passar o avião
       Em7
Assim que o inverno passar
A7(#11)   Dm7
Eu acho que vou te buscar
    G7(9)
Aqui tá fazendo calor
     Gm7
Deu pane no ventilador
     C7(9)
Já tem fliperama em Macau
      F7M   E7(#9)
Tomei a costeira em Belém do Pará
  A7M   F#m7
Puseram uma usina no mar
    Gm7   C7(9)
Talvez fique ruim pra pescar
     Em7   A7(#11)
Meu amor
Dm7(9)
No Tocantins
    G7(9)
O chefe dos parintintins
    C7M
Vidrou na minha calça Lee
    Em7   A7(#11)
Eu vi uns patins pra você
   Dm7(9)
Eu vi um Brasil na TV
    G7(9)
Capaz de cair um toró
     Gm7
Estou me sentindo tão só
C7(9)   Gb7M
Oh!, tenha dó de mim
Gb7 F7M   Bb7(9)
Pintou uma chance legal
  Em7   Am7 Am/G
Um lance na capital
  F#m7   B7
Nem tem que ter ginasial
   E7M   Em7 A7(#11)
Meu amor
Dm7(9)
No Tabariz
    G7(9)
O som é que nem os Bee Gees
    C7M
Dancei com uma dona infeliz
   Em7   A7(#11)
Que tem um tufão nos quadris
   Dm7(9)
Tem um japonês trás de mim
   G7(9)
Eu vou dar um pulo em Manaus
   Gm7
Aqui tá quarenta e dois graus
   C7(9)
O sol nunca mais vai se pôr
    F7M   E7(#9)
Eu tenho saudade da nossa canção
  A7M   F#m7
Saudades da roça e sertão

  Gm7   C7(9)
Bom mesmo é ter um caminhão
    Em7   A7(#11)
Meu amor
Dm7(9)
Baby, bye bye
    G7(9)
Abraços na mãe e no pai
    C7M
Eu acho que vou desligar
    Em7   A7(#11)
As fichas já vão terminar
    Dm7(9)
Eu vou te mandar um trenó
    G7(9)
Pra Rua do Sol, Maceió
    Gm7   C7(9)
Peguei uma doença em Ilhéus
    Gb7M
Mas já tô quase bom
Gb7 F7M   Bb7(9)
Em março vou pro Ceará
    Em7   Am7 Am/G
Com a bênção do meu orixá
  F#m7   B7
Eu acho bauxita por lá
   E7M   Em7 A7(#11)
Meu amor
Dm7(9)
Bye bye Brasil
    G7(9)
A última ficha caiu
    C7M
Eu penso em vocês night and day
    Em7   A7(#11)
Explica que tá tudo okay
   Dm7(9)
Eu só ando dentro da lei
   G7(9)
Eu quero voltar, podes crer
    C7M
Eu vi um Brasil na TV
    Em7   A7(#11)
Peguei uma doença em Belém
   Dm7(9)
Agora já tá tudo bem
   G7(9)
Mas a ligação tá no fim
    C7M
Tem um japonês trás de mim
    Em7   A7(#11)
Aquela aquarela mudou
   Dm7(9)
Na estrada peguei uma cor
   G7(9)
Capaz de cair um toró
    C7M
Estou me sentindo um jiló
    Em7   A7(#11)
Eu tenho tesão é no mar
   Dm7(9)
Assim que o inverno passar
   G7(9)
Bateu uma saudade de ti
    C7M
Tô a fim de encarar um siri
    Em7   A7(#11)
Com a bênção do Nosso Senhor
   Dm7(9)
O sol nunca mais vai se pôr.

Calúnia
Samba - Canção

Marino Pinto e
Paulo Soledade

© Copyright 1951 by IRMÃOS VITALE S/A INDÚSTRIA E COMÉRCIO.
Todos os direitos autorais reservados para todos os países. All rights reserved.

```
TOM – RÉ MENOR – RÉ A RÉ
INTRODUÇÃO – Gm7  A7  Dm7  Gm7  Em7  A7  Dm7  A7
```

    D6   E7
Quiseste ofuscar minha fama
                A7
Até jogar-me na lama
Gm7   A7   D   D7
Porque eu vivo a brilhar
    Gm7   D
    Sim mostraste ser invejoso
      F#m7 B7   E7
Bis Viraste até mentiroso
    A7   1ª (D   D7)   2ª (D Gm7 C7)
    Só para caluniar

F7M   Aº   D7   Gm7
Deixa a calunia de lado se de fato és poeta
C7   F7M
Deixa a calunia de lado que ela a mim não afeta
              F   A7   Dm   Am7
Se me ofendes tu serás ofendido
          Am7   Bº   E7   A7 Dm7
Pois quem com ferro fere, com ferro será ferido.
                                                (A7)

Caso Sério

Rita Lee e Roberto de Carvalho

© Copyright 1992 by ROJÃO EDIÇÕES MUSICAIS LTDA.
Todos os direitos autorais reservados para todos os países. All rights reserved.

Tom: Bm
Introdução: Bm7 C#m7 F#7(sus4,9) (3 vezes)

```
Bm7                       F#m7/B   F#m7(b5)/B
Eu fico pensando em nós dois
        Bm7   Em7
Cada um na sua
        G#m7(b5)    C#7(b13)    F#7sus4
Perdidos na     cidade       nua
F#7(b9)           Bm7
Empapuçados  de  amor
                F#m7/B   F#m7(b5)/B
Numa noite de verão
        B7   Em7
Ai, que coisa boa!
        G#m7(b5)    C#7(b13)    F#7sus4
À meia luz,   a  sós      à    toa
F#7(b9)          B6   F#m7/B   B7(b9)      Em
A7
Você e eu somos um              caso sério
            Em   A7
Ao som de um bolero
            Em   A7
Dose dupla
            Em           A7
Românticos de Cuba Libre
            Em
Misto quente
            C#m7(b5)    F#7(b13)
Sanduíche de gente.
```

Chuva

Durval Ferreira e Pedro Camargo

Tom: Sol Maior

G7M   C/G
Vem amor que é meu
      G7M   C/G
Olha a chuva a nos chamar
      G7M   C#m7(b5) F#7
Ouve a chuva a nos dizer
            Bm7 E7(b9)
Que existe um bem.
Am7   E7(b9)
Sente amor que é meu
      Am7   E7(b9)
Todo o amor em mim que é teu
      Am7   D/C
E este bem que a chuva em nós
      Bm7 Em7(9)
Faz renascer
Bm7(b5)   E7(b9)
Todo um sonho lindo
        Bm7(b5)   E7(b9)
Fez-se em nós para dizer

      Am7
Toda beleza de lembrar
      Cm7 D7
Que existe um bem
G7M   Am7
Vem amor que é meu.
      Bm7   C#m7(b5) F#7(b9)
Olha o amor a nos chamar
      Bm7   E7(b9)
E esta chuva que traz
      Am7   D7 D/C
Do céu nosso bem
      Bm7(b5)
Que o sonho nos deu
      E7(b9)
E a vida também
      Am7
Razão de cantar
      D7(b9)
Sorrir pelo bem
      C#m7(b5) Cm6 G/B Bb° Am7 D7/Ab G
De amar.

Chorando baixinho

Abel Ferreira

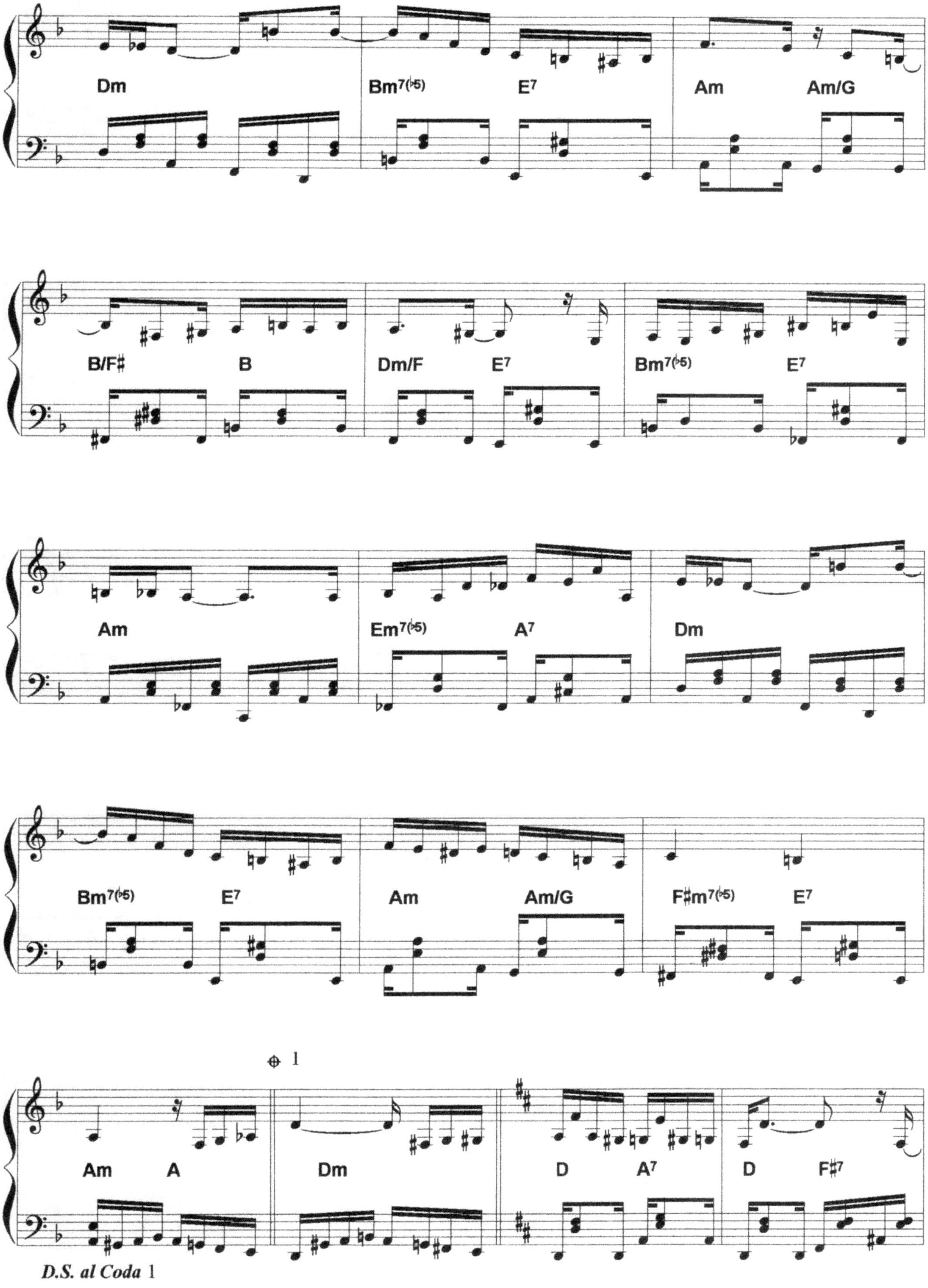
Dm
Bm7(♭5)
E7
Am
Am/G
B/F♯
B
Dm/F
E7
Bm7(♭5)
E7
Am
Em7(♭5)
A7
Dm
Bm7(♭5)
E7
Am
Am/G
F♯m7(♭5)
E7
⊕ 1
Am
A
Dm
D
A7
D
F♯7
D.S. al Coda 1

Bm F♯7 B Em F♯7
Bm E Gm6 A7
D A7 D F♯7 Bm F♯7
B Em Gm6 D/A Bm
D.S. al Coda 2
⊕2
E7 A7 D Dm

Coisa Feita

João Bosco, Paulo Emílio e
Aldir Blanc

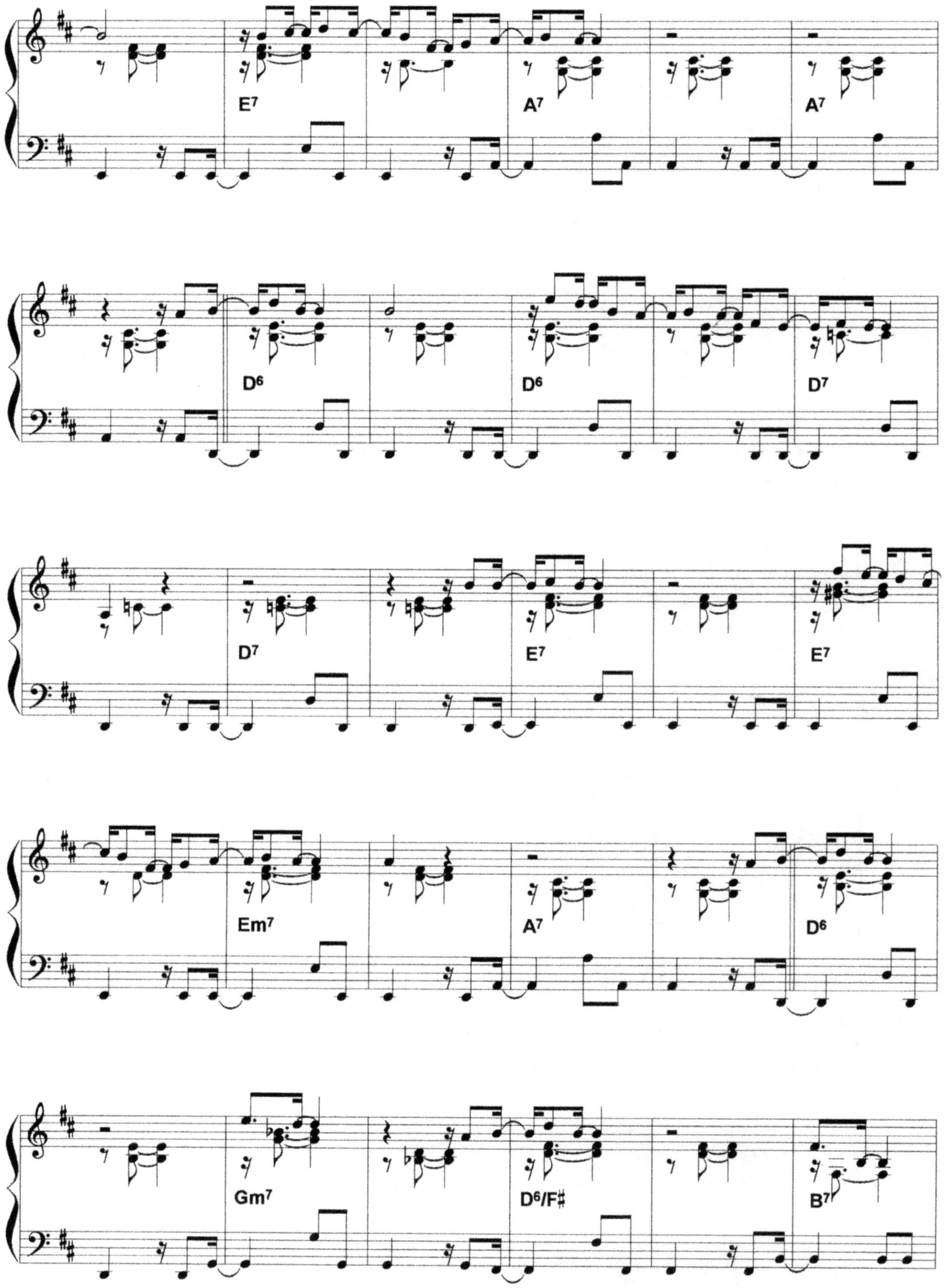
E7
A7
A7
D6
D6
D7
D7
E7
E7
Em7
A7
D6
Gm7
D6/F#
B7

TOM – RÉ MAIOR – D A7 D
INTRODUÇÃO – D6

   D6
Sou bem mulher
              E7
De pegar macho pelo pé
A7   Gm7 A7
Reencarnação da princesa do Taomé
   D6   E7
Eu sou marfim lá das minas do Salomão
A7   Gm7   A7
Me esparrama em mim lua cheia, sou brancarvão
   D6   C7
Ô mulherão, balagandãs, erodi de sisal
E7
Língua assim
                A7
A conta certa entre a baunilha e o sal
  D6   D7
Fogão de lenha, garrafa de areia colorida
  E7   Em7
Pedra sabão, peneira e água toda de moringa
   D6   Gm7
Sou de arrancar couro
   D6/F# B7
De farejar ouro
   Em7   A7 D6   Eb
Princesa do Taomé.

   D6
Sou coisa feita
             E7
Se o malandro se aconchegar
A7   Gm7 A7
Vai morrer na esteira na ressalga de Paquetá
   D6   E7
Sou coisa preta, se provar do meu aluar
A7   Gm7 A7
Pegue o Polo Norte, pé tirado do Samovar
   D6   C7
Neguinho assim já escreveu atrás do caminhão
E7   A7
Há mulher que não se esquece lá do Taomé
   D6   D7
Faço mandinga, fecho os caminhos com as cinzas
   E7   Em7
Deixo biruta lelé da cuca, zuretão ranzinza
   D6   Gm7   D6/F#   B7
Pra não ficar bobo melhor fugir logo
   Em7   A7 D6
Sou de pegar pelo pé
   D6   Gm7   D6/F#   B7
Sou Avatar vento, sou de matar fogo
   Em7   A7 D6
Princesa do Taomé.

Cigano

Djavan

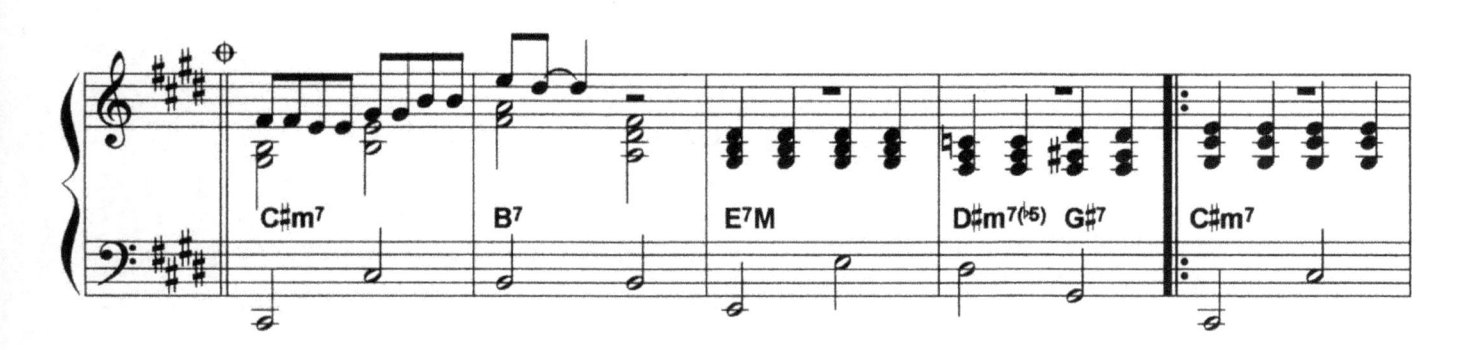

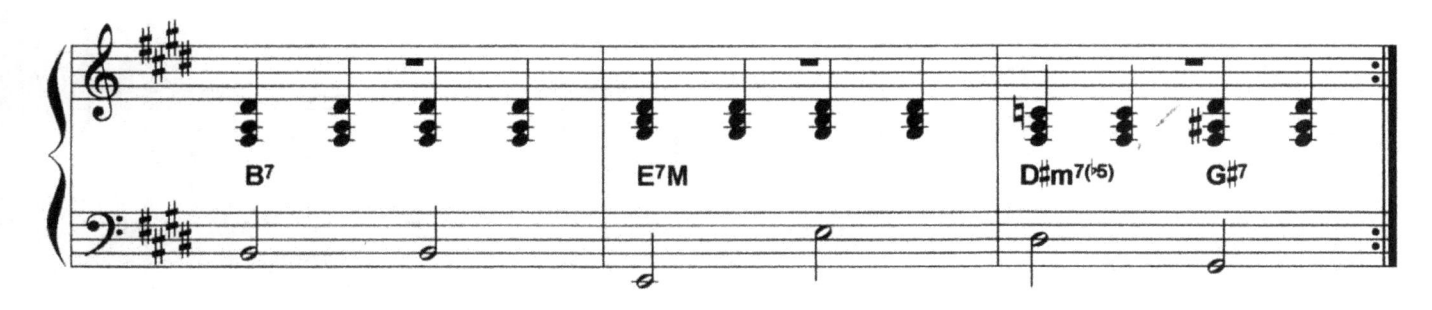

```
TOM – DÓ# MENOR – C#m G#7 C#m
INTRODUÇÃO – E7M D#m7(b5) G#7
```

C#m7 B7
Te querer
  E7M   D#º G#7
Viver mais pra ser exato
C#m7 B7
Te seguir
  E7M   D#º G#7
E poder chegar onde tudo é só meu
C#m7 B7
Te encontrar
  E7M D#º G#7
Dar a cara pro teu beijo
 C#m7   B7   E7M
Correr atrás de ti feito cigano, cigano, cigano
  D#º G#7
Me jogar sem medir
C#m7 B7
Viajar
  E7M D#º G#7
Entre pernas e delícias
C#m7 B7
Conhecer
  E7M   D#º G#7
Pra notícias dar, devassar sua vida
C#m7 B7
Resistir
  E7M D#º G#7
Ao que pode o pensamento
 C#m7   B7
Saber chegar no seu melhor momento

  E7M
Momento, momento
  D#º G#7
Pra ficar e ficar
C#7   F#7
Juntos, dentro, horas
C#7   F#7
Tudo ali às claras
B7(9,4) B7
Deixar crescer
E7M G#7
Até romper
C#m7 B7
Amanhã
  E7M D#º G#7
Como o mar está sereno
C#m7 B7
Olha lá
  E7M   D#º G#7
As gaivotas já vão deixar suas ilhas
C#m7 B7
Veja o sol
  E7M D#º G#7
É demais esta cidade

 C#m7   B7 E7M D#m7(b5)
G#7
A gente vai ter um dia de calor.

(C#m7 B7 E7M D#m7(b5) G#7)

Cirandeiro

Edu Lobo e Capinan

G/F Cm/E♭ Cm/G A♭ G7 G7/B Cm Cm/B♭ A♭
1.
2.
D.S.
Cm Cm/B♭ D♭/A♭ G7 Cm Cm/B♭ Cm
Cm G7/B C/B♭ Fm/A♭ Fm/C Cm/G Cm/E♭ G/D G
1.
2.
Cm G Cm Cm Cm7M Cm7 Cm6
Gm/B♭ G7 Cm

Fm7
Cm
Fm7
G/F
Cm/E♭
Cm/G
A♭
G7
G7/B
Cm
Cm/B♭
A♭
Cm
Cm/B♭
D♭/A♭
G7
1.
Cm
Cm/B♭
2.
Cm
Cm
G7/B
C/B♭
Fm/A♭
Fm/C
Cm/G
Cm/E♭
G/D
G
1.
Cm
G
2.
Cm

Tom: *Cm*
Introdução: Cm G7/B C/Bb F/A Fm/Ab Cm/G Cm/G Cm G7/B G7 Cm G7

```
             Cm
Oh cirandeiro,
     G7/B        C/Bb
Oh, cirandeiro, oh
         Fm/Ab   Fm/C Cm/G
A   pedra  do  teu  anel
Cm/Eb G/D        G        Cm  G (para repetir)
                          Cm Cm/G Cm (para continuar)
Brilha  mais  do  que  o  sol

             Cm   Cm7M   Cm7 Cm6   Gm/Bb
A   ci - ran - da       de        estrelas
      G7         Cm
Caminhando pelo céu
      Fm7       Cm
É o luar da lua cheia
      Fm7   Fm6/Ab    G/F Cm/Eb
É o farol de San - ta - rém
      Cm/G  Ab G7      Cm Cm/Bb
Não       é lua,   nem estrela
                 Ab      Cm  Cm/Bb
         É saudade clareando
(bis)        Db/Ab  G7     Cm  Cm/Bb (para repetir)
                           Cm  G7 (para continuar)
         Nos olhinhos  do  meu  bem.

         Refrão: Oh cirandeiro, etc.

             Cm   Cm7M   Cm7 Cm6   Gm/Bb
A ci - ran - da        do        sereno
      G7         Cm
Visitando a madrugada
      Fm7       Cm
O espanto achei dormindo
      Fm7           G/F Cm/Eb
Nos sonhos da namorada
Cm/G Ab  G7     Cm  Cm/Bb
Que, serena, dorme e sonha
                 Ab      Cm  Cm/Bb
         Carregada pelo vento
(bis)        Db/Ab  G7     Cm  Cm/Bb (para repetir)
                           Cm  G7 (para continuar)
         Num  andor  de  nuvem  clara.

         Refrão: Oh cirandeiro, etc.

             Cm   Cm7M   Cm7 Cm6   Gm/Bb
São sete es - tre - las        correndo
      G7         Cm
Sete juras a jurar
      Fm7       Cm
Três Marias, três Marias
      Fm7           G/F Cm/Eb
Se cuidem de bom cuidar
Cm/G  Ab       G7 Cm  Cm/Bb
Do    amor  e  o  juramento
                 Ab      Cm  Cm/Bb
         Que a estrela d'alva chora
(bis)        Db/Ab  G7     Cm  Cm/Bb (para repetir)
                           Cm  G7 (para continuar)
         De  nos  sete a - cre - di - tar.

         Refrão: Oh cirandeiro, etc.
```

Clube da Esquina nº 2

Milton Nascimento, Lô Borges e
Márcio Borges

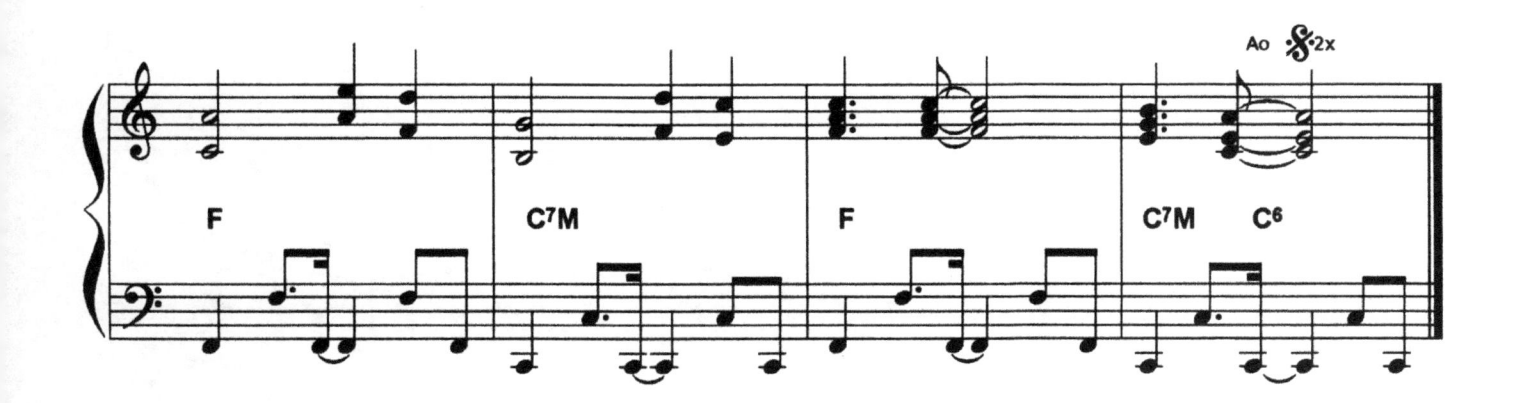

```
TOM – DÓ MAIOR – C G7 C
INTRODUÇÃO – C7M F C7M F
```

        C7M
Porque se chamava moço
            F
Também se chamava estrada
        C7M F
Viagem de ventania
              C7M
Nem se lembra se olhou pra trás

Ao primeiro passo, asso, asso
F   C7M   F
Asso, asso, asso, asso, asso, asso.
               C7M
Porque se chamavam homens
         F
Também se chamavam sonhos
        C7M   F
E sonhos não envelhecem
        C7M
Em meio a tantos gases lacrimogêneos
        F
Ficam calmos, calmos
           C7M
Calmos, calmos, calmos
F C7M F C7M C6   F C7M
E lá se vai mais um dia.

      F
E basta contar compasso
          C7M F
E basta contar consigo
             C7M
Que a chama não tem pavio

De tudo se faz canção
F
E o coração na curva
     C7M
De um rio, rio, rio, rio, rio.
 F   C7M
E lá se vai...
 F C7M C6 F
E lá se vai...
               C7M
E o rio de asfalto e gente
    F
Entorna pelas ladeiras
       C7M F
Entope o meio-fio
           C7M
Esquina mais de um milhão

Quero ver então a gente, gente
F
Gente, gente, gente, gente, gente.

A Terceira Lâmina

Zé Ramalho

Am
Bm7(♭5)
C6
Dm6
Am
E
1.
Solo instrumental
2.
Am
Am
Solo instrumental
mf
tr
Dm6
Am
E
Am
A7
Dm

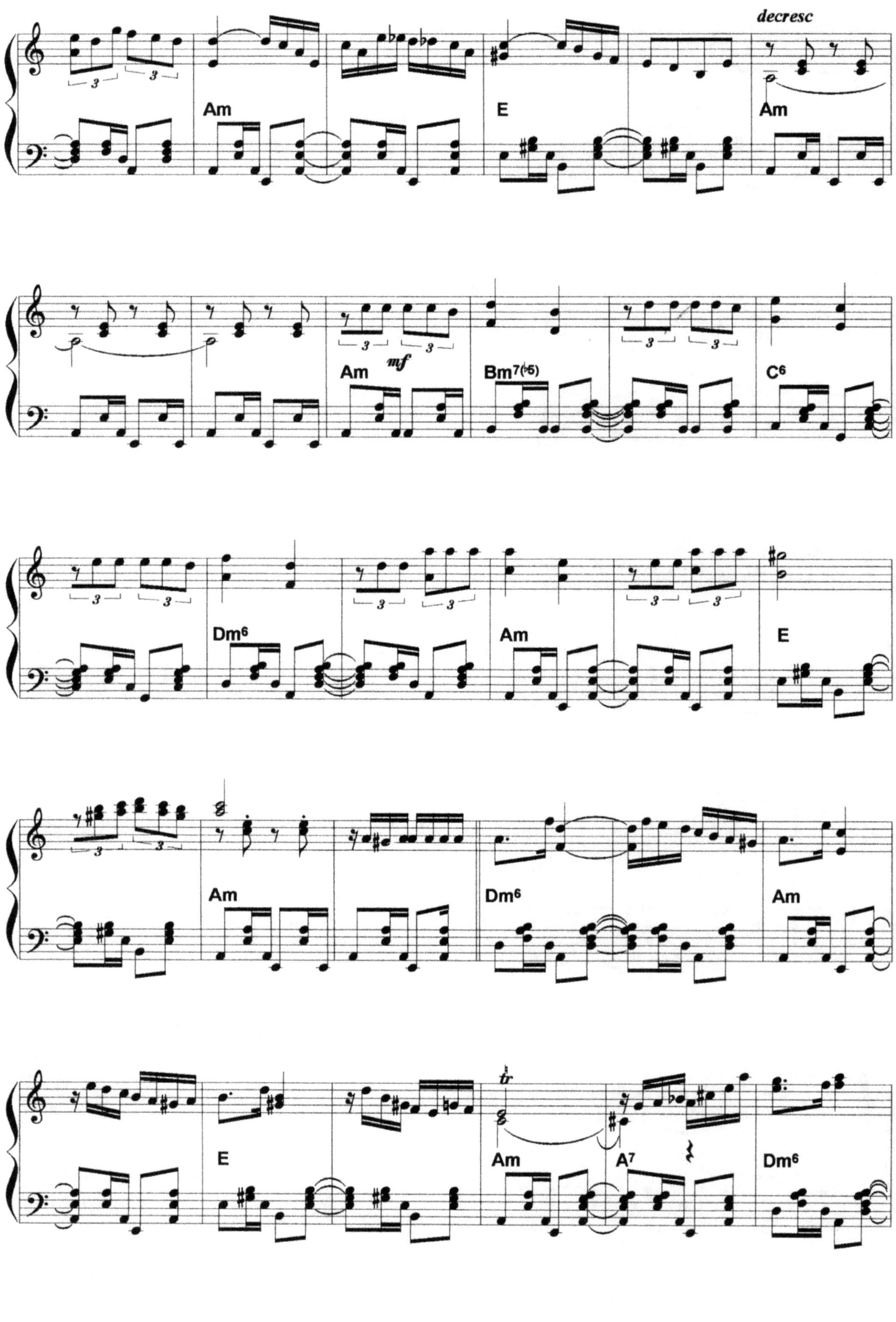
decresc
Am
E
Am
Am
mf
Bm7(♭5)
C6
Dm6
Am
E
Am
Dm6
Am
E
tr
Am
A7
Dm6

Tom: Am
Intro.: Bm7(b5) C6 Dm6 Am E Am

    Bm7(b5)   C6
É aquela que fere, que virá mais tranqüila
               Dm6   Am
Com a fome do povo, com pedaços da vida
                G   D/F#
Com a dura semente, que se prende no fogo
        E
De toda multidão.
                           Am
Acho bem mais do que pedras na mão
            Bm7(b5)   C6
Dos que vivem ca - la - dos, pendurados no tempo
          Dm6   Am
Esquecendo os momentos, na fundura do poço,
                 E   Am
Na garganta do fosso, na voz de um cantador.

(Bm7(b5) C6 Dm6 Am E Am)

          Bm7(b5)   C6
E virá como guerra a terceira mensagem,
         Dm6   Am
Na cabeça do homem, aflição e coragem
          G   D/F#
Afastado da terra, ele pensa na fera,
          E
Que eu começo a devorar.
 Am
Acho que os anos irão se passar
      Bm7(b5)   C6
Com aquela cer - te - za que teremos
          Dm6   Am
Novamente a i - dé - ia de sairmos do poço
            E
Da garganta, do fosso
                  Am
Na voz de um cantador.

(Dm6 Am E Am A7 Dm Am E Am)

      Bm7(b5)   C6
E virá como guerra a terceira mensagem,
         Dm6   Am
Na cabeça do homem, aflição e coragem
          G   D/F#
Afastado da terra, ele pensa na fera,
          E
Que eu começo a devorar.
                     Am
Acho que os anos irão se passar
      Bm7(b5)   C6
Com aquela cer - te - za que teremos no olho
          Dm6   Am
Novamente a i - dé - ia de sairmos do poço
            E
Da garganta, do fosso
                  Am
Na voz de um cantador.

final: Bm7(b5) C6 Dm6 Am E Am Dm6 Am E Am A7 Dm Am E Am Dm6 Am

Cor-de-rosa choque

Roberto de Carvalho e
Rita Lee

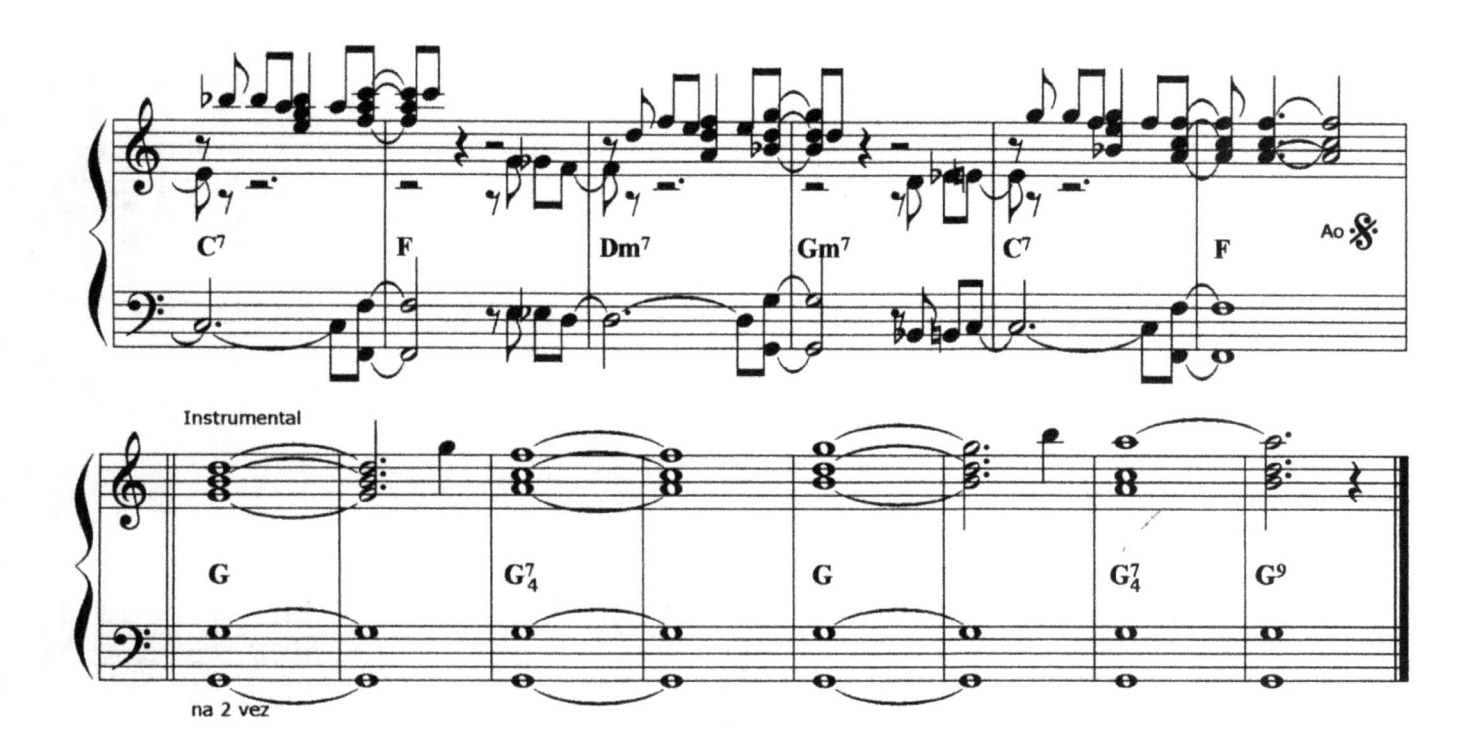

TOM – DÓ MAIOR – DÓ SOL DÓ
INTRODUÇÃO – Dm7 G7 C

  C   F/A   G
  Nas duas faces de Eva
       C   Bb
A bela e a fera
             F   G   C
Um certo sorriso de quem nada quer
   F/A   G   C   Bb
Sexo frágil   não foge à luta
             F   G   G7
E não só de cama vive a mulher
        Gm7   C7
Por isso não provoque
        F
É cor-de-rosa choque
      Dm7   Gm7   C7
Oh, oh, oh, oh, oh, não provoque
      F   Dm7
É cor-de-rosa choque
   Gm7   C7
Não provoque
      F   Dm7
É cor-de-rosa choque
   Gm7   C7
Por isso não provoque
      F   G G4 G G4 G7
É cor-de-rosa choque

C   F/A   G
  Mulher é bicho esquisito
       C   Bb
Todo mês sangra
         F   G C
Um sexto sentido maior que a razão
      F/A   G   C   Bb
Gata borralheira   você é princesa
               F   G   G7
Dondoca é uma espécie em extinção
         Gm7   C7
Por isso não provoque
        F
É cor-de-rosa choque
      Dm7   Gm7   C7
Oh, oh, oh, oh, oh, não provoque
      F   Dm7
É cor-de-rosa choque
   Gm7   C7
Não provoque
      F   Dm7
É cor-de-rosa choque
   Gm7   C7
Por isso não provoque
      F
É cor-de-rosa choque
      Dm7   Gm7   C7
Oh, oh, oh, oh, oh, não provoque
      F
É cor-de-rosa choque.

Coração Vagabundo

Caetano Velloso

```
TOM – SOL MENOR – Sol  Ré  Sol
INTROD.: – Cm7  F7  Bb7  Eb7   Am7(b5) D7 Gm7 D7
```

```
Gm7                       A7              Am7(b5)
Meu coração não se cansa de ter esperança
         D7(b9)  Gm7
De um dia ser tudo o que quer
G7      G7(b13)   Cm7           A7(13)
Meu coração de criança não é só a lembrança
         A7(b13,b9) Am7     D7(b9)
De um vulto     feliz de mulher
Gm7                       A7              Am7(b5)
Que passou por meu sonho sem dizer adeus
            D7(b9)       G7
E fez dos olhos meus um chorar mais sem fim
Cm7     F7       Bb
Meu coração vagabundo
Eb7(9)         E°    Eb°   Dm6   G7
Quer guardar o mundo em mim
Cm7     F7       Bb
Meu coração vagabundo
Eb7(9)         E°    Eb°   Gm7
Quer guardar o mundo em mim.
```

Deus lhe Pague

Chico Buarque de Hollanda

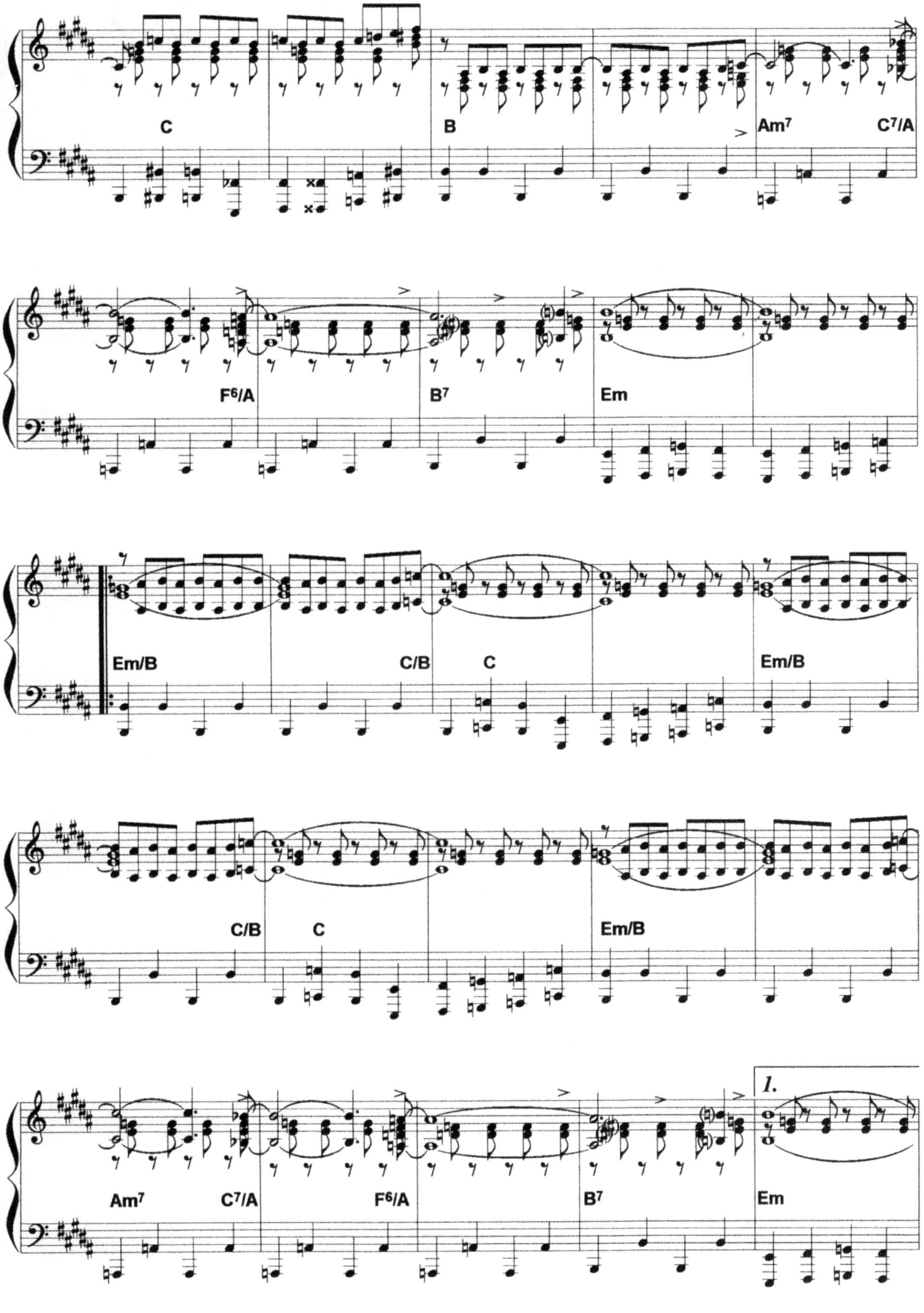
C
B
Am7
C7/A
F6/A
B7
Em
Em/B
C/B
C
Em/B
C/B
C
Em/B
Am7
C7/A
F6/A
B7
1.
Em

Tom: B
Intro: B; F#7(b5)/B

```
B                          C/B  C
Por esse pão pra comer, por esse chão pra dormir,
B                          C/B  C
A certidão pra nascer e a concessão pra sorrir,
B                                    Am7
Por me deixar respirar, por me deixar existir,
C7/A       F6/A F6/B B7    Em
Deus       lhe       pa  - gue!

B                          C/B  C
Pelo prazer de chorar e pelo "estamos aí",
B                          C/B  C
Pela piada no bar e o futebol pra aplaudir,
B                                    Am7
Um crime pra comentar e um samba pra distrair,
C7/A       F6/A F6/B B7    Em
Deus       lhe       pa  - gue!

B                          C/B  C
Por essa praia, essa saia, pelas mulheres daqui,
B                          C/B  C
O amor malfeito depressa, fazer a barba e partir,
B                                    Am7
Pelo domingo que é lindo, novela, missa e gibi,
C7/A       F6/A F6/B B7    Em
Deus       lhe       pa  - gue!

B                          C/B  C
Pela cachaça de graça que a gente tem que engolir,
B                          C/B  C
Pela fumaça, desgraça, que a gente tem que tossir,
B                                    Am7
Pelos andaimes, pingentes, que a gente tem que cair,
C7/A       F6/A F6/B B7    Em
Deus       lhe       pa  - gue!

Em/B                       C/B  C
Por mais um dia, agonia, pra suportar e assistir,
Em/B                       C/B  C
Pelo rangido dos dentes, pela cidade a zunir,
Em/B                                 Am7
E pelo grito demente que nos ajuda a fugir,
C7/A       F6/A F6/B B7    Em
Deus       lhe       pa  - gue!

Em/B                       C/B  C
Pela mulher carpideira pra nos louvar e cuspir,
Em/B                       C/B  C
E pelas moscas-bicheiras a nos beijar e cobrir,
Bdim                                 Am7
E pela paz derradeira que enfim vai nos redimir,
C7/A       F6/A F6/B B7    Em
Deus       lhe       pa  - gue!
```

Devolva-me

Renato Barros e Lilian Knapp

D7
Gm
Cm7
F7
B♭
D.S. al Coda
B♭(add9)
B♭
B♭(add9)
B♭
Cm7
F7
Cm7
F7
Cm7
F7
B♭(add9)
B♭
B♭(add9)
B♭
Gm(add4)
Gm

Tom: Bb
Introdução: Bb7M Bb(add9) Bb Bb(add9) Bb7M Bb(add9) Bb Bb(add9)

```
  Cm7       F7          Cm7   F7        Cm7
Rasgue as minhas cartas e    não me procures mais
   F7      Bb(add9) Bb       Bb(add9) Bb
Assim será melhor,       meu bem
  Cm7   F7          Cm7   F7            Cm7
O  retrato que eu te dei,   se ainda tens não sei
        F7      Bb(add9)  Bb
Mas se tiver, devolva-me
  D7       Gm
Deixe-me sozinho
                 Cm7
Porque assim eu viverei em paz
         F7                 Bb
Quero que sejas bem feliz junto do seu novo rapaz
  Cm7       F7          Cm7   F7        Cm7
Rasque as minhas cartas e    não me procures mais
   F7      Bb(add9) Bb       Bb(add9) Bb
Assim será melhor,        meu bem
  Cm7   F7          Cm7   F7            Cm7
O  retrato que eu te dei,   se ainda tens não sei
        F7      Bb(add9)  Bb  Bb(add9) Bb
Mas se tiver, devolva-me
  Cm7   F7          Cm7   F7            Cm7
O  retrato que eu te dei,   se ainda tens não sei
        F7      Bb(add9)  Bb  Bb(add9) Bb
Mas se tiver, devolva-me
   Gm(add4)    Gm    Gm(add4)   Gm
Devolva-me.
    Eb6    Eb7M    Eb6   Eb7M    Bb
Devol   -   va    -    me.
```

Dom de iludir

Caetano Veloso

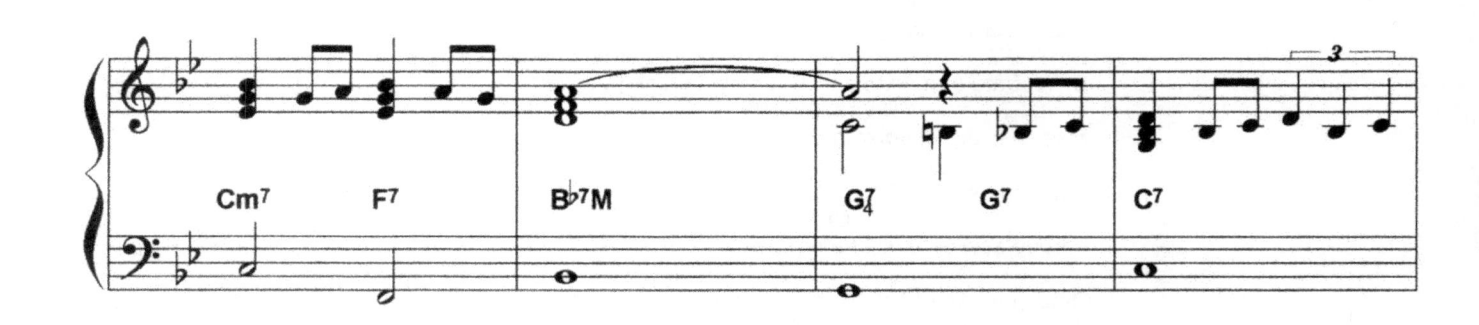

```
TOM – Bb MAIOR – Bb  F  Bb
INTRODUÇÃO – Gb7M  Ab7M  Bb7M
```

   Bb7M
Não me venha falar
       Abm7   Db7(9) Gb7M   Bbm7 Eb7
Na malícia de toda mulher
      Abm7
Cada um sabe a dor
      Bm7   E7   Em7 A7 Eb7
E a delícia de ser o que é
      D7M   Cm7
Não me olhe como se a polícia
     F7   Bb7M G7(4) G7
Andasse atrás de mim
    C7
Cale a boca e não cale
  F7(4)   F7   Bb7M   Ab7
Na boca notícia ruim.
   Bb7M
Você sabe explicar
      Abm7   Db7(9) Gb7M   Bbm7 Eb7
Você sabe entender, tudo bem
     Abm7
Você está, você é
    Bm7   E7   Em7 A7 Eb7
Você faz, você quer, você tem
    D7M
Você diz a verdade
   Cm7   F7   Bb7M G7(4) G7
A verdade é seu dom de iludir
   C7   F7(4)
Como pode querer que a mulher
   F7   Ab7(4) Ab7 Bb7M
Vá viver sem mentir.

Divina comédia humana

Belchior

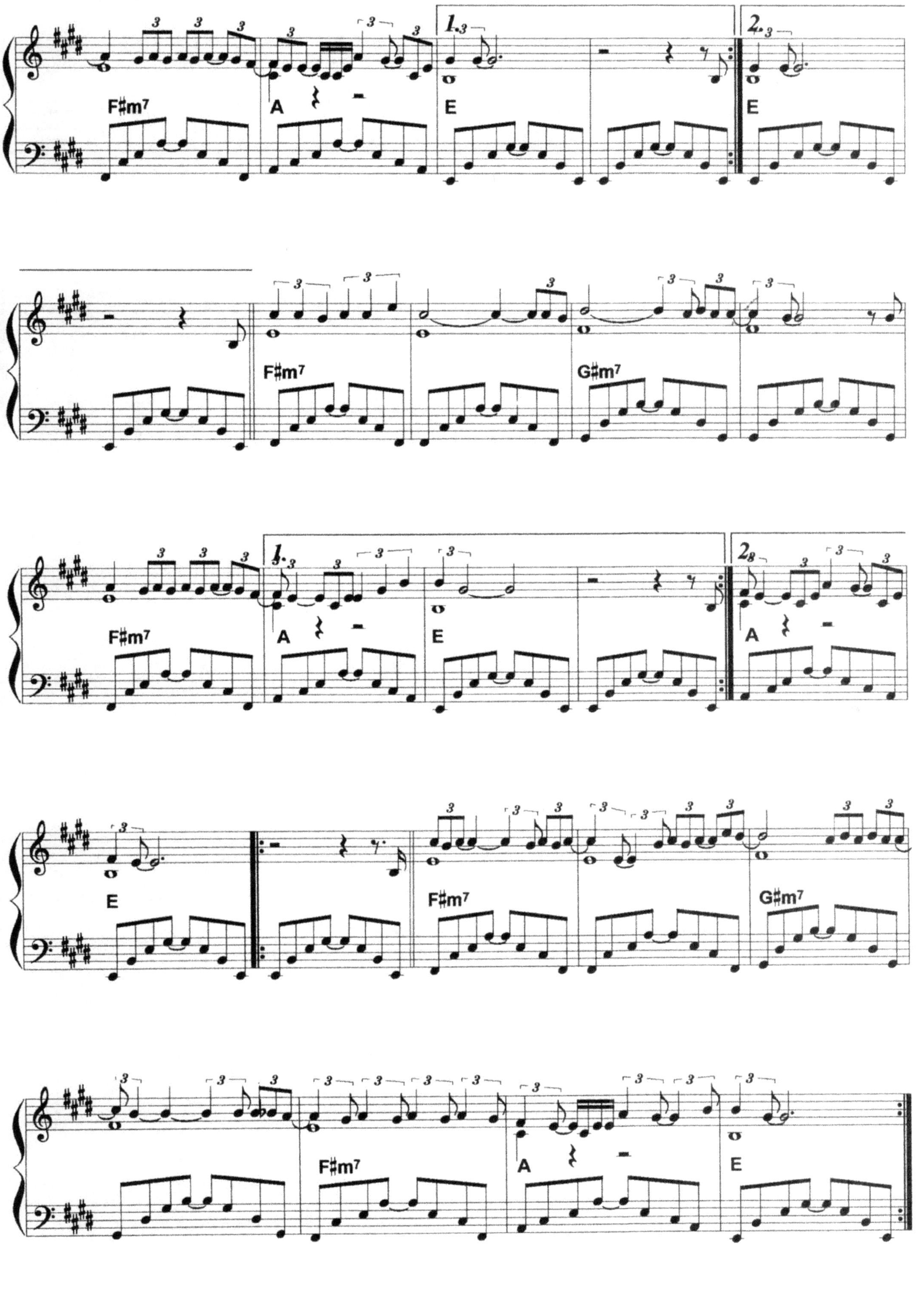
F♯m7
A
1.
E
2.
E
F♯m7
G♯m7
F♯m7
1.
A
E
2.
A
E
F♯m7
G♯m7
F♯m7
A
E

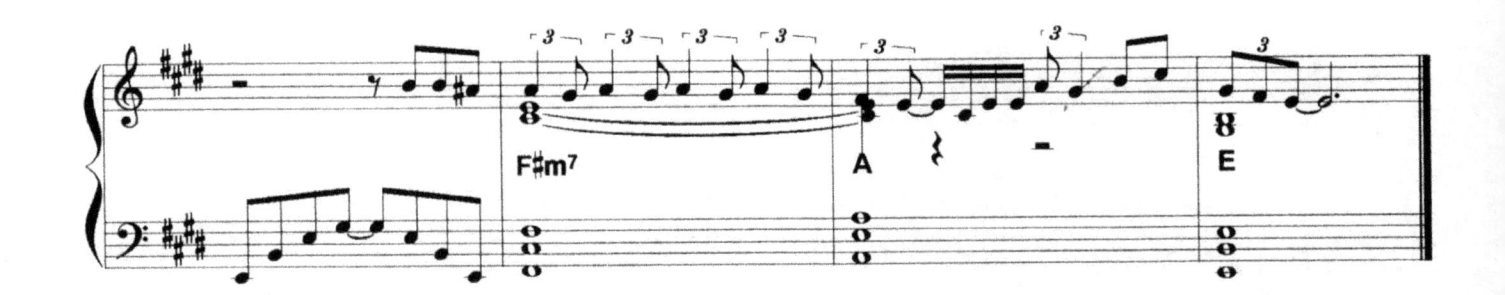

Tom: E
Introdução: F#m7 A E

F#m7
Estava mais angustiado
         G#m7
Que um goleiro na hora do gol
F#m7   A
Quando você entrou em mim
E
Como um sol no quintal
 F#m7
Aí um analista amigo meu
        G#m7
Disse que desse jeito não vou ser feliz direito
      F#m7   A
Porque o amor é uma coisa mais profunda
      E
Que um encontro casual.
 F#m7
Aí um analista amigo meu
          G#m7
Disse que desse jeito não vou viver satisfeito
     F#m7   A
Porque o amor é uma coisa mais profunda
        E
Que um transa sensual.

Bis:

F#m7
Deixando a profundidade de lado
         G#m
Eu quero é ficar colado à pele dela noite e dia

   F#m7   A
Fazendo tudo e de novo dizendo
                E
Sim à paixão morando na filosofia

    Bis:
              F#m7
Eu quero gozar no seu céu,
         G#m7
   Pode ser no seu inferno
F#m7   A   E
Viver a divina comédia humana onde nada é eterno

 F#m7
Ora direis, ouvir estrelas,
        G#m7
Certo perdeste o senso, eu vos direi no entanto:

F#m7
Enquanto houver espaço, corpo,
        A
Tempo e algum modo de dizer não
  E
    Eu canto.
      F#m7
Enquanto houver espaço, corpo,
        A
tempo e algum modo de dizer não
    E
    Eu canto.

É do que há

Luiz Americano

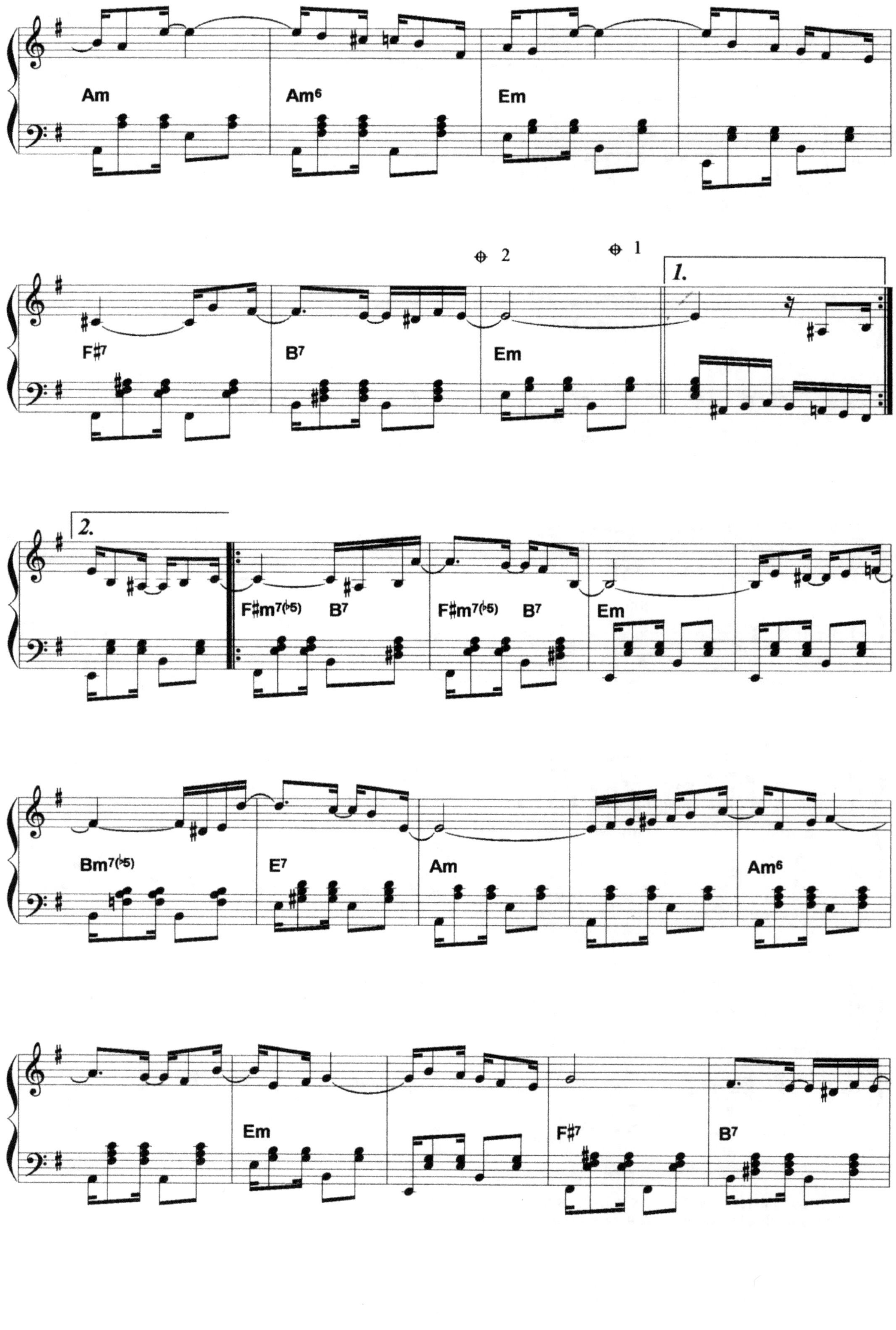
Am
Am6
Em
⊕ 2
⊕ 1
1.
F♯7
B7
Em
2.
F♯m7(♭5)
B7
F♯m7(♭5)
B7
Em
Bm7(♭5)
E7
Am
Am6
Em
F♯7
B7

73

Entre tapas e beijos

Nilton Lamas e Antônio Bruno

Tom: Bb
Introdução: F Bb F Bb

           F7
Perguntaram pra mim
      Bb
Se ainda gosto dela
           F7
Respondi: Tenho ódio
Eb   Bb
E morro de amor por ela.
           F7
Hoje estamos juntinhos
      Bb
Amanhã nem vejo
        F7
Separando e voltando
          Eb   Bb
A gente segue andando entre tapas e beijos
        F7
Eu sou dela e ela é minha
        Bb
E sempre queremos mais

      F7
Se me manda ir embora
     Eb   Bb
Eu saio pra fora, ela chama pra trás
        Bb
Entre tapas e beijos, é ódio, é desejo
      F
É sonho é ternura
           Eb
O casal que se ama até mesmo na cama
    Bb
Provoca loucuras.

E assim vou vivendo, sofrendo e querendo
      F
Esse amor doentio
     Eb
Mas se falto pra ela
     F   Bb
Meu mundo sem ela também é vazio.

É o Amor

Zezé di Camargo

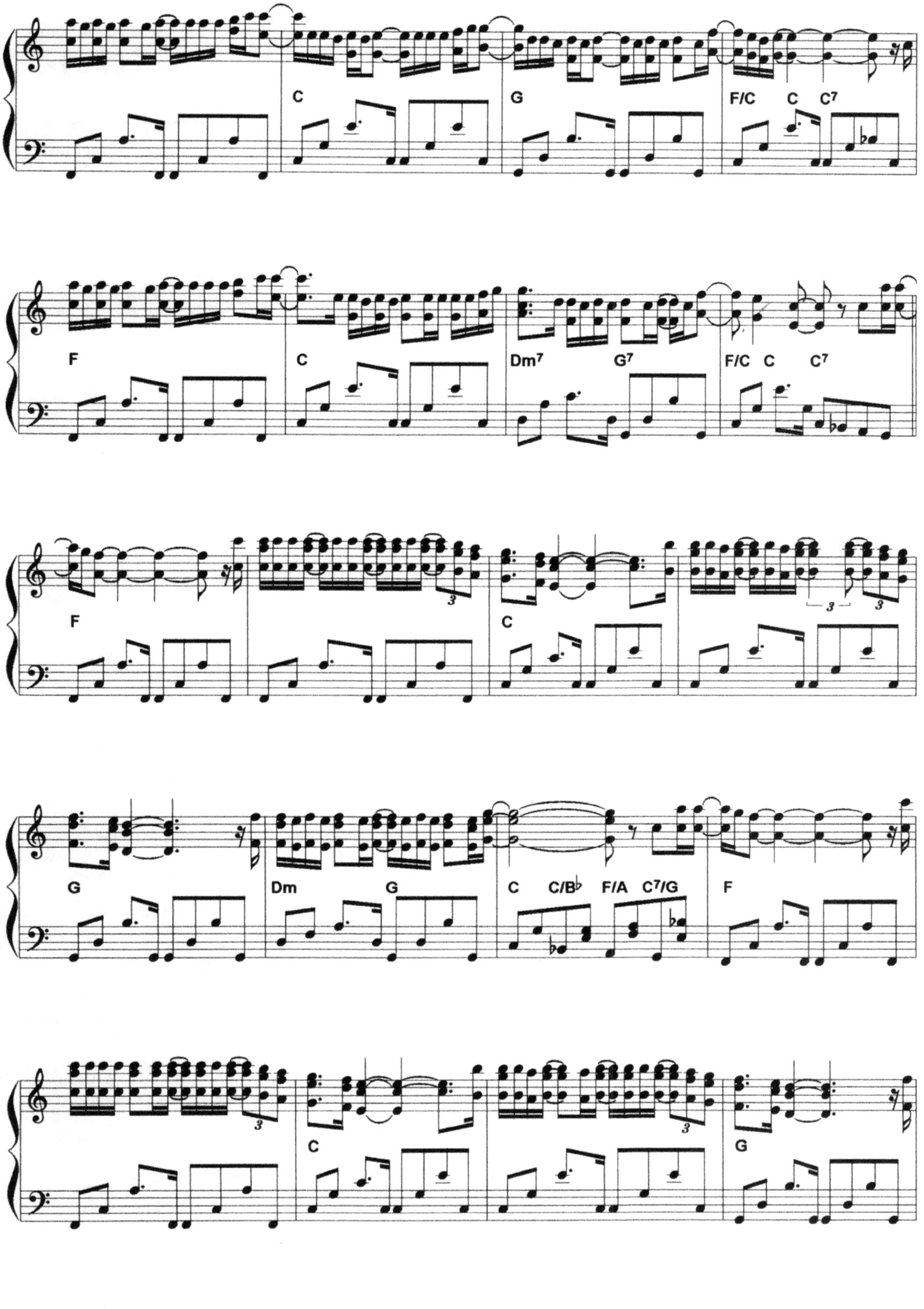
C
G
F/C C C7
F
C
Dm7 G7
F/C C C7
F
C
G
Dm G
C C/B♭ F/A C7/G
F
C
G

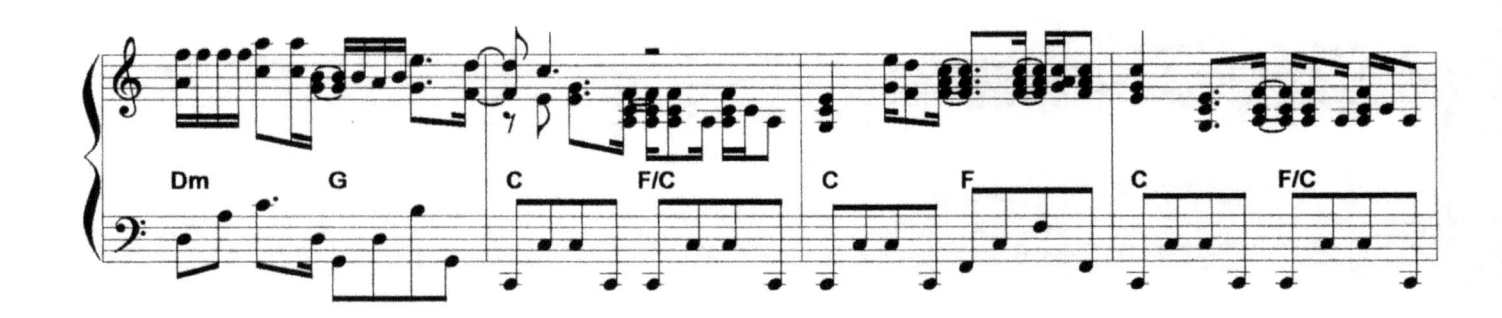

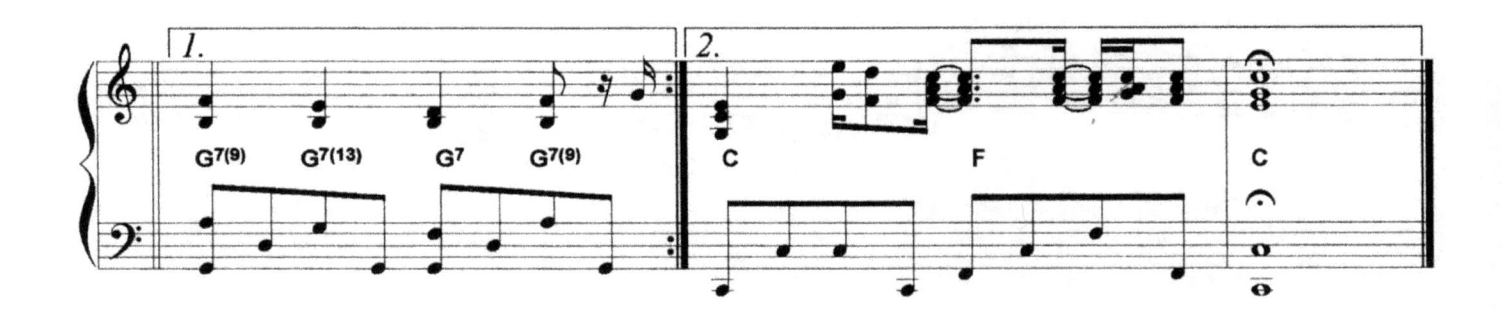

Tom: C
Intro: C F/C C F C F/C G7(9) G13 G7 G7(9)

C
Eu não vou negar que sou louco por você
                                       G
Tô maluco pra te ver, eu não vou negar
  Dm   Dm/C   G/B
Eu não vou negar, sem você tudo é saudade
           F/A   G   G7   C
G7
Você   traz   felicidade,   eu   não   vou   negar

  C
Eu não vou negar, você é meu doce mel
                        C7   F
Meu   pedacinho   de   céu,   Eu   não   vou
negar.
                            C
Você é minha doce amada, minha alegria, meu conto de fadas
           G   F/C C
Minha fantasia, a paz que eu preciso pra sobreviver
  F   C
Eu sou o seu apaixonado, de alma transparente
                           Dm7
Um louco alucinado meio inconseqüente
               G7   F/C C   C7
Um caso complicado de se entender.
   F   C
É o amor, que mexe com a minha cabeça e me deixa assim
                               G
Que faz eu pensar em você e esquecer de mim
  Dm   G   C C/Bb F/A C7/G
Que faz eu esquecer que a vida é feita pra viver
  F   C
É o amor, que veio como um tiro certo no meu coração

  G
Que derrubou a base forte da minha paixão
  Dm   G   C   F/C
Que fez eu entender que a vida é nada sem você.

C F C F/C G7(9) G13 G7 G7(9)
C
Eu não vou negar, você é meu doce mel
                        C7   F
Meu   pedacinho   de   céu,   Eu   não   vou
negar.
                            C
Você é minha doce amada, minha alegria, meu conto de fadas
           G   F/C C
Minha fantasia, a paz que eu preciso pra sobreviver
  F   C
Eu sou o seu apaixonado, de alma transparente
                         Dm7
Um louco alucinado meio inconseqüente
               G7   F/C C   C7
Um caso complicado de se entender.
   F   C
É o amor, que mexe com a minha cabeça e me deixa assim
                               G
Que faz eu pensar em você e esquecer de mim
  Dm   G   C C/Bb F/A C7/G
Que faz eu esquecer que a vida é feita pra viver
  F   C
É o amor, que veio como um tiro certo no meu coração
                           G
Que derrubou a base forte da minha paixão
  Dm   G   C   F/C
Que fez eu entender que a vida é nada sem você.

C F C F/C C F C

Esperando na janela

*Targino Gondim, Manuca Almeida e
Raimundinho do Acordeon*

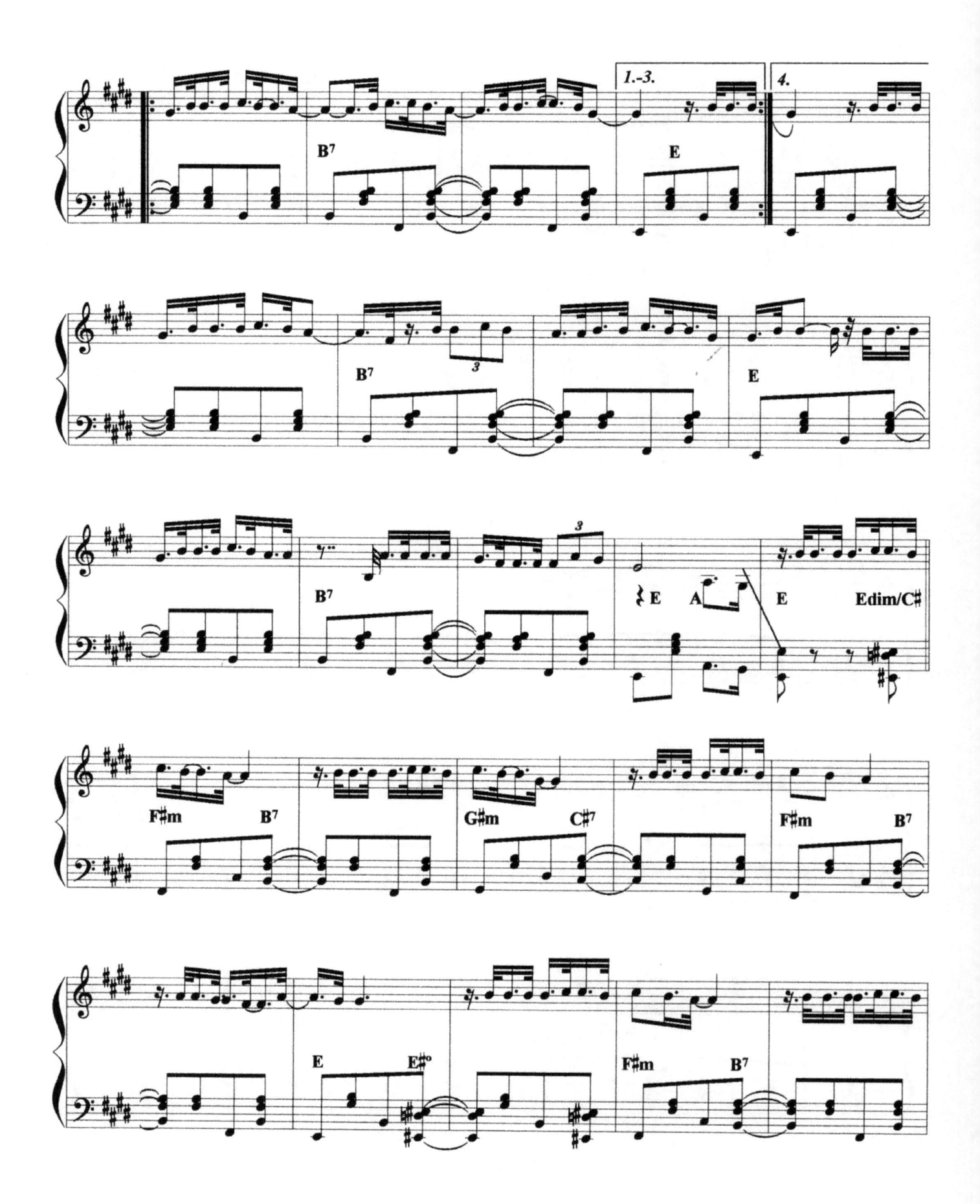
1.-3.
4.
B7
E
B7
E
B7
E
A
E
Edim/C♯
F♯m
B7
G♯m
C♯7
F♯m
B7
E
E♯º
F♯m
B7

Tom : E
Introdução: F#m/B F#m/C# B7/D#
F#m7 B7 E6 E6/G# E/B E6 E

```
         E              B7
Ainda me lembro do seu caminhar
                       E
Do seu jeito de olhar eu me lembro bem
                   B7
Fico querendo sentir o seu cheiro
                           E
E daquele jeito que ela tem
                      B7
O tempo todo eu fico feito tonto
                              E
Sempre procurando mas ela não vem
                  B7
Esse aperto no fundo do peito
```

```
                                      E
Desses que o sujeito não pode agüentar
                            B7
Esse aperto aumenta o meu desejo
                            E  A
E eu não vejo a hora de lhe falar

E                      E#º F#m
E#º                         F#m
Por isso eu vou na   casa  dela, ai, ai
B7                   G#m          C#7
Falar do meu amor pra  ela, ai, ai,
                          F#m
Tá me esperando na janela, ai ai
B7                   E
                       E   A E
Não sei se vou me segurar.

[: B7 E B7 E B7 E B7 E B7 E :] A E
```

Esquadros

Adriana Calcanhoto

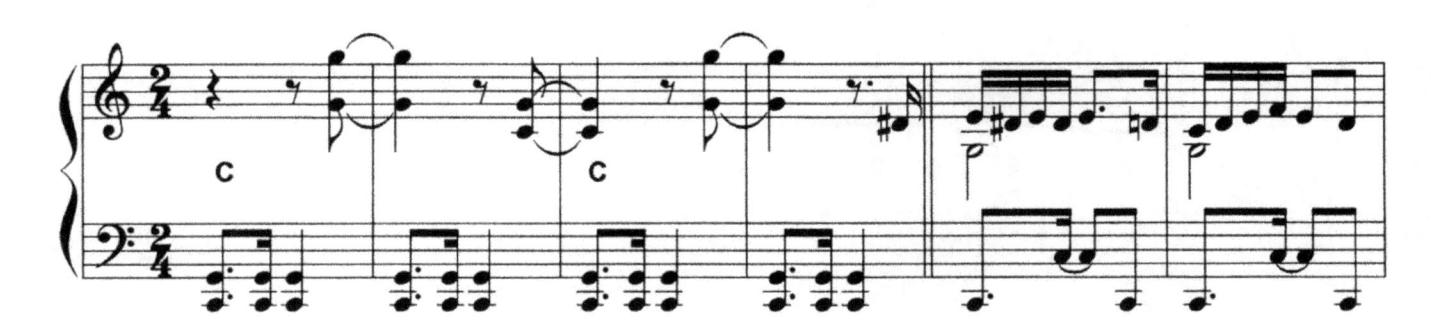

83

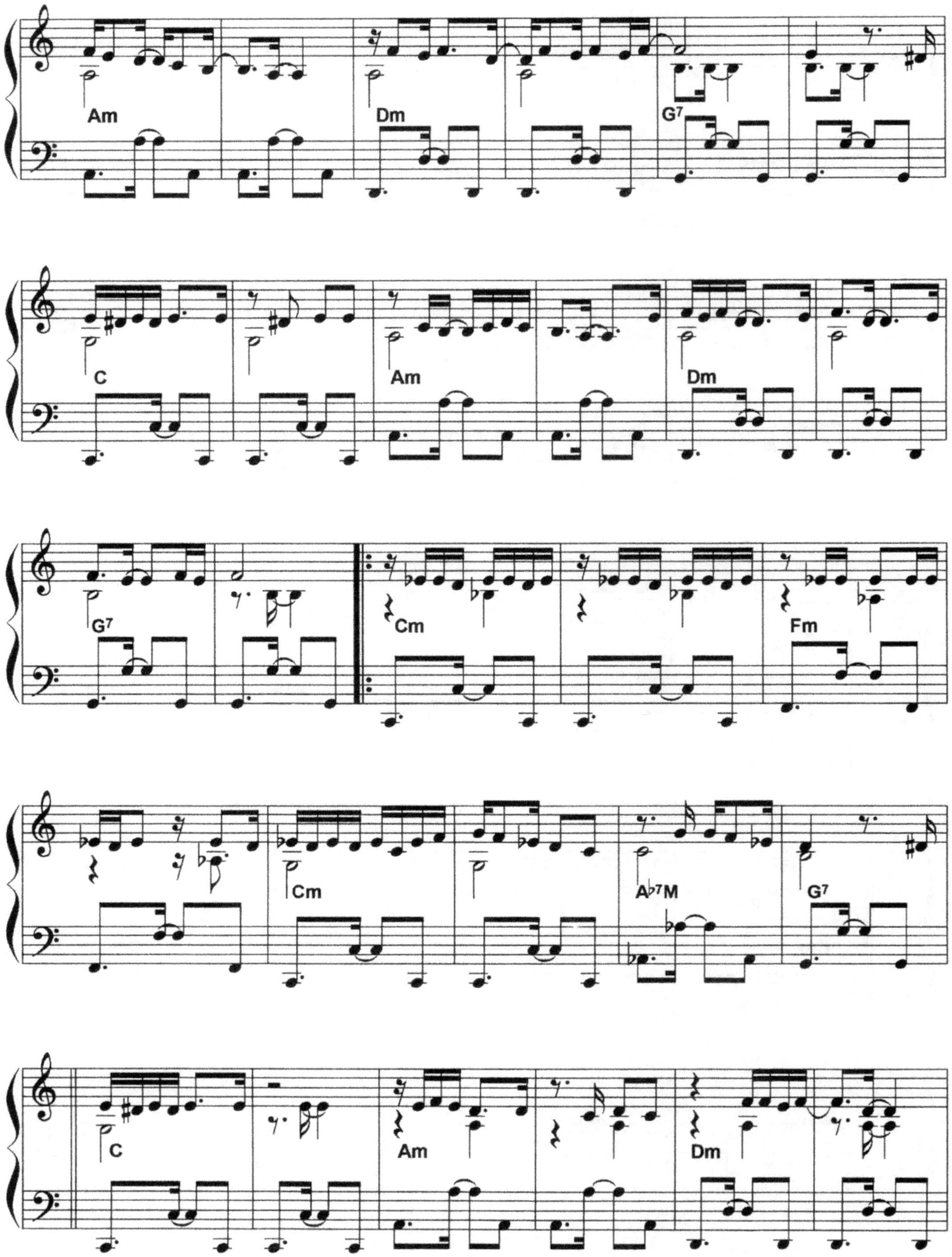
Am
Dm
G7
C
Am
Dm
G7
Cm
Fm
Cm
A♭7M
G7
C
Am
Dm

```
TOM – DÓ MAIOR – C G7 C
INTRODUÇÃO – C
```

   C
Eu ando pelo mundo

Prestando atenção
   Am
Em cores que eu não sei o nome
Dm   G7
Cores de Almadôvar, cores de Frida, Cali cores
C
Passeio pelo escuro
               Am
Presto muita atenção no que me move
  Dm   G7
E como uma segunda pedra, um caule uma casca
             C6 C7M
Uma cápsula protetora.
Am
Ah, eu quero chegar antes
  Dm   G7
Pra sinalizar o estar de cada coisa

Filtrar seus braços
     C   Am
Eu ando pelo mundo divertindo gente

E chorando ao telefone
  Dm
E vendo como é a fome
   G7   Cm
Dos meninos que têm fome
                         Fm
Pela janela do quarto, pela janela do carro
                    Cm
Pela tela, pela janela, quem é ela, quem é ela
                A7M   G7
Eu vejo tudo enquadrado, é modo Controi.

  C
Eu ando pelo mundo
              Am
E os automóveis correm o pátio
  Dm   G7
As crianças correm para onde?
    C
Transito entre dois lados, de um lado
           Am
Eu gosto de opostos
        Dm
Exponho meu modo, me mostro
  G7   Cm
Eu canto para quem?
                         Fm
Pela janela do quarto, pela janela do carro
                    Cm
Pela tela, pela janela, quem é ela, quem é ela
                A7M   G7
Eu vejo tudo enquadrado, é modo Controi.
  C
Eu ando pelo mundo
          Am
E meus amigos cabeça
Dm   G7
Minha alegria meu cansaço
C7M   Am
Meu amor, cadê você?
     Dm   G7   Cm
Eu acordei, não tem ninguém ao lado
                          Fm
Pela janela do quarto, pela janela do carro
                    Cm
Pela tela, pela janela, quem é ela, quem é ela
                A7M   G7
Eu vejo tudo enquadrado, é modo Controi.

Estrada do Sol

Antonio Carlos Jobim e Dolores Duran

Tom: Eb
Introdução: Eb Eb7M(6) Fm7(9) Bb7(13) Fm7(9) Bb7(13)

```
         Fm7    Bb7(9)      Fm7
         É de manhã, vem o sol,
                       Bb7(9)           Fm7(9)
         Mas os pingos da chuva que ontem caiu
Bb7(9)          Fm7(9)
         Ainda estão a brilhar,
Bb7                  Eb7M
         Ainda estão a dançar
Fm7            Gm7
         Ao vento alegre
               Fm7      Fm7/Bb   Eb7M
         Que me traz    esta    canção.
         Abm7   Db7   Gm7   C7   F#m7
         Quero que você me dê a mão,
```

```
                 B7        Fm7  Bb7(13)
                 Vamos sair por aí
                    Fm7                Bb7
                 Sem pensar no que foi que sonhei,
                                    Fm7
         Bb7     Que chorei, que sofri,
                         Fm7
         Bb7     Pois a nossa manhã
                            Eb7M
                 Já me fez esquecer,
         Fm7             Gm7           Fm7
                 Me dê a mão, vamos sair
                            Fm7/Bb   Eb7M  Fm7  Gm7
                 Pra    ver   o   sol
         Fm7            Fm7/Bb
                 Pra   ver   o   sol.

                 Eb  Eb7M(6)
```

Estrada da Vida

José Rico

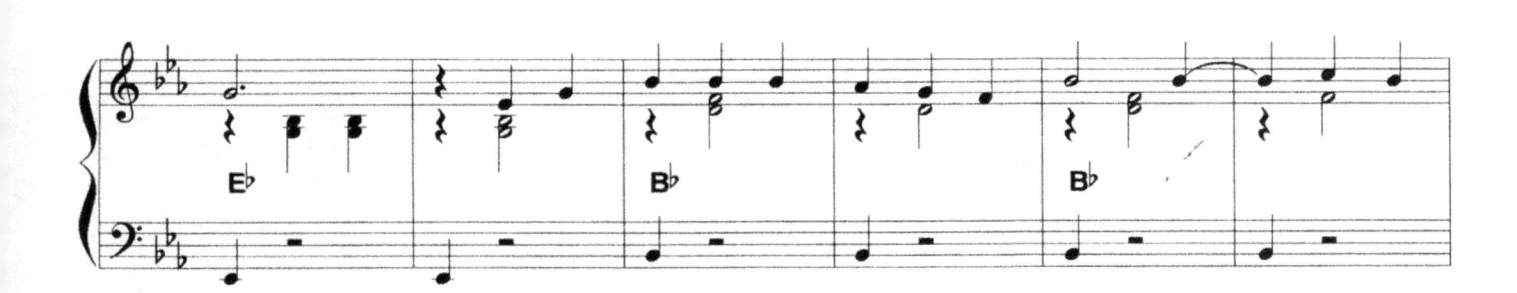

TOM – MI BEMOL MAIOR – Eb Bb Eb
INTRODUÇÃO – Bb Ab Gm Eb Bb Bb Eb

Eb   Bb   Eb   Bb7
Nesta longa estrada da vida
Eb   Bb Eb7
Vou correndo e não posso parar
Ab   Eb
Na esperança de ser campeão
Bb   Eb
Alcançando o primeiro lugar
Ab   Eb
Na esperança de ser campeão
Bb   Eb
Alcançando o primeiro lugar
Ab
Mas o tempo cercou minha estrada
                  Eb
E o cansaço me dominou
Bb
Minhas vistas se escureceram
Ab   Bb   Eb
E o final da corrida chegou

Eb   Bb   Eb   Bb7
Este é o exemplo da vida
Eb   Bb Eb7
Para quem não quer compreender
Ab   Eb
Nós devemos ser o que somos
Bb   Eb
Ter aquilo que bem merecer
Ab   Eb
Nós devemos ser o que somos
Bb   Eb
Ter aquilo que bem merecer
Ab
Mas o tempo cercou minha estrada
                  Eb
E o cansaço me dominou
Bb
Minhas vistas se escureceram
Ab   Bb   Eb
E o final desta vida chegou.

Eu velejava em você

*Eduardo Dusek e
Luiz Carlos Góes*

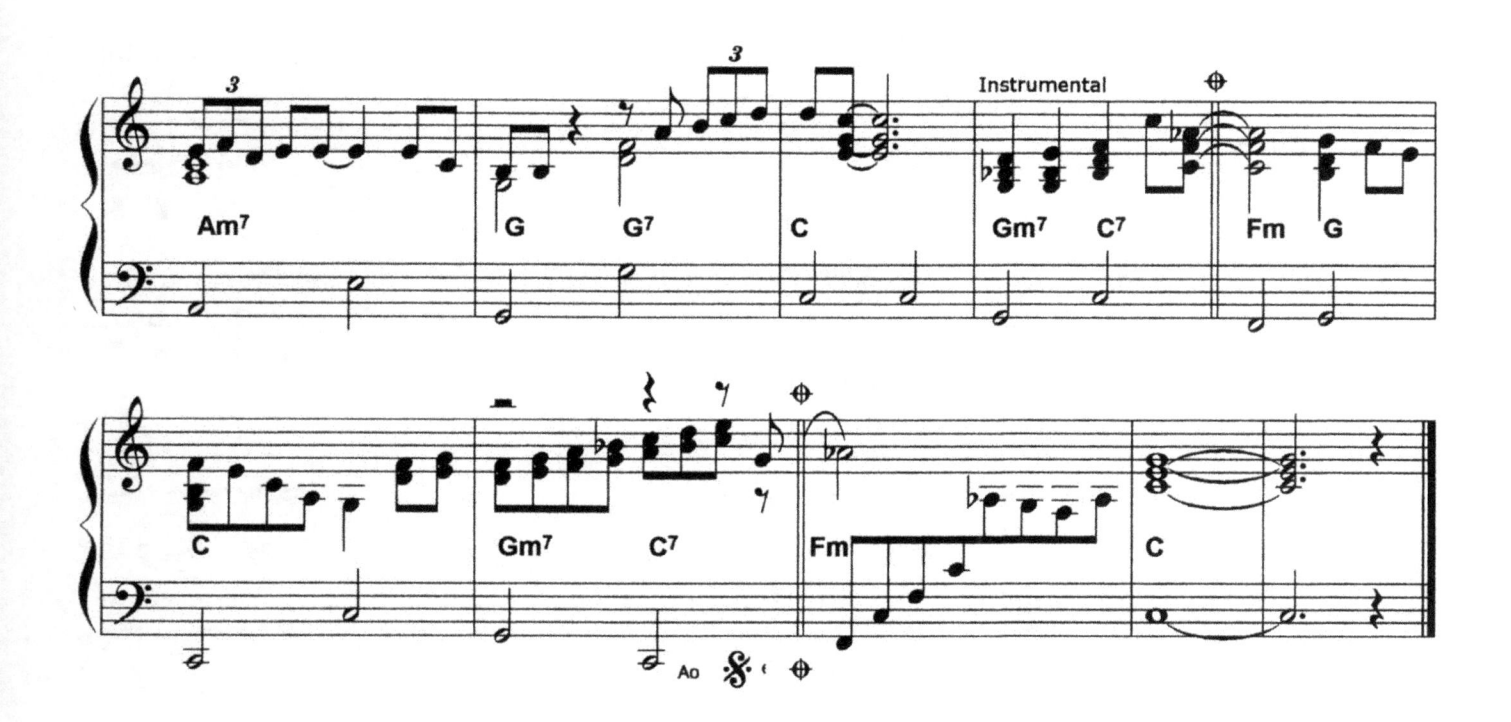

TOM – DÓ MAIOR – C G7 C
INTRODUÇÃO – G4/7 C

C7M
Eu velejava em você
    Dm
Não finja!
G
Como coisa que não me vê
  G7   Dm7   Gm C
E foge de mim
    F7M
A boca tremia

Os olhos ardiam
    F   G   C
Oh! Doce agonia
G7
Oh! De viver
    G6   F
De ver sua imagem
            G7(4)   G7
Que eu nunca via
    C
Sua boca molhada

Seu olhar assanhado
            G
Convite pra se perder
    F6
Minha alma cansada

Não faz cerimônia
        Dm   G7   C
Você pode entrar sem bater
C7   F
Pois eu já velejei em você
        C
E foi bom de doer
            Am
Mas foi como sempre um sonho

Tão longe risonho
        G   G7
Sinto falta
        C   (Gm C Fm G C Gm7 C7)
Queria lhe ver.

Este seu olhar

Antonio Carlos Jobim

G♯m7
C♯7
F♯m7
B7
E7M
E♯º
F♯m7
Gº
E/G♯
G♯7
A
Am
E/G♯
Gº
D6/F♯
C♯(add♭9)/E♯
F♯7(13)
F♯7(♭9)
F♯m7
B7(♭9)
1.
E6
F7(♯9)
2.
E
E6
E7M

```
Tom: E
Introdução: E7M  C#7(b9)/E#   F#m7  C#7(b9)
F#7(13)  F#7(b13)  F#m7  B7(b9.13)  E7M  F7(#9)
```

```
 E7M        E#º
Este seu olhar
 F#m7               Gº
Quando encontra o meu
 E/G#        G#7
Fala de uma coisas
              A           Am
Que eu nem posso acreditar
 E/G#      Gº       F#m7   B7
Doce é sonhar   é pensar que você
 G#m7    C#7         F#m7   B7
Gosta de mim  / Como eu de você.


 E7M        E#º
Mas a ilusão
 F#m7            Gº
Quando se desfaz
 E/G#       G#7
Dói no coração
             A            Am
De quem sonhou, sonhou demais
 E/G#       Gº         D6/F#  C#(add b9)/E#
Ah se eu pudesse entender
       F#7(13)  F#7(b13)  F#m7  B7       E6
O que di  -   zem                    os seus olhos.
```

Fez bobagem

Assis Valente

2.
G7
C
C♯º
G7/D
G7
G7
C
Em
E♭º
Dm
Dm/C
G7/B
G7
C
Dm
C/E
Dm7
G7
C
Dm7
G7
C
D.S. al Coda
C
Am7
Dm7
G7
C
Am7
D7
G7
C
C♯º
G7/D
G7
G7
C
final
A♭
C
B7
B♭7

Tom: C
Introdução: Ab C B7 Bb7 A7 D7 G7 C Ab C B7 Bb7 A7
D7 G7 C A7 D7 G7 C

```
C#º     G7/D  G7      C       C7(13)/ F
Meu mo - re - no fez bobagem
F#º  Gm7  C7        F
Maltratou   meu pobre coração
      Bb7         C        C/B
Aproveitou a minha ausência
 A7 D7           Dm               G7    C
E botou mulher sambando     no meu barracão
C#º     G7/D  G7      C       C7(13) F
Quando eu pen - so que outra mulher
F#º  Gm7  C7        F
Requebrou   pra meu moreno ver
        Bb7      C      C/B
Nem dá jeito de cantar
       A7       D7     G7
Dá vontade de chorar
        C    Em   Ebº
 E de morrer
          Dm            Dm/C          G7/B   G7
Deixou que ela passeasse na favela com meu "penhoar"
         C              Dm          C/E
Minha sandália de veludo deu à ela para sapatear
       Dm7     G7  C
E eu bem longe me acabando
       Dm7    G7  C
Trabalhando pra viver
         C      Am7      Dm7
Por causa dele dancei rumba e Fox-trote
  G7    C
Para inglês ver
```

para terminar: Ab C B7 Bb7 A7 D7 G7 C

Feitinha pro poeta

Baden Powell e
Lula Freire

```
TOM - RÉ MAIOR - D A7 D
INTRODUÇÃO - D6 A7 D6
```

```
D6                    Am7 D7  G6
   Ah! Quem me dera ter a namorada
            Gm7  C7     F#7
Que fosse para mim a madrugada
              B7         Em7
De um dia que seria a minha vida
            C#7    F#7  Bm7
E a vida que se leva é uma parada
              Am7   D7   G6
E quem não tem amor não tem é nada
                C7         F6
Vai ter que procurar sem descansar
              Dm7         E7(4)
Tem tanta gente aí com amor pra dar
           E7       A7
Tão cheia de paz no coração
         Am7 D7  G6
Que seja carioca no balanço
         Gm7  C7    F#7
E veja nos meus olhos seu descanso
             B7        Em7
Que saiba perdoar tudo o que faço
            C#7    F#7  Bm7
E querendo beijar me dê um abraço
              Am7 D7  G6
Que fale de chegar e de sorrir
               C7    F6
E nunca de chorar e de partir
             Dm7        E7(4)
Que tenha uma vozinha bem macia
             E7       A7
E fale com carinho da poesia
           Am7 D7  G6
Que seja toda feita de carinho
          Gm7  C7   F#7
E viva bem feliz no meu cantinho
            B7         Em7
Que saiba aproveitar toda a alegria
           C#7     F#7 Bm7
E faça da tristeza o que eu faria
             Am7 D7  G6
Que seja na medida e nada mais
              C7     F6
Feitinha pro Vinicius de Moraes
              Dm7       E7
Enfim, que venha logo ao chegar
              A7         Dm7  F7
Vai logo me deixando descansar
         E7    Eb7
Descansar
         Dm7 F7
Descansar
         E7   A7  D6(9)
Descansar.
```

Formosa

Baden Powell e Vinícius de Moraes

Tom: C
Introdução: F F#º C C/B A7 Dm7 G7 C Am7 Dm7 G7

```
         C
Formosa
     F
Não faz assim
    Em7(b5)   A7        Dm
Ca - rin - ho  não é  ruim
   E           Am
Mulher que nega
             E7
Não sabe não

 Am       E7        Am   G7(13)  C7
Tem uma coisa de menos no seu coração

              F          F#º
A gente nasce, a gente cresce
     C/G      C7
A gente quer amar
            F
Mulher que nega
     F#º      C/G      C7
Nega o que não é para negar
       F          F#º
A gente pega, a gente entrega
            C  C/B  A7
A gente quer mor - rer
  Dm7          G7        C
Ninguém tem nada de bom sem sofrer
Am7   Dm7 G7
Formosa mulher
             C  C/B  A7
A gente quer mor - rer
  Dm7          G7        C
Ninguém tem nada de bom sem sofrer.
```

Fullgás

Marina Lima e Antônio Cícero

(instrumental)
G7M
A7
Canto
B
Bm
Bm/A
G7M
A7
B
B7
F♯m7
B7
E6
Em7
D♯m
G♯7
C♯7
G7
F♯7

B
B7
E6
A7
Bm7
F#7(b9)
Bm7
F#7(b9)
Bm7
F#7(b9)
Bm7
D.S. al Coda
Coda
F#7(b9)
F#7
G7M
Em7
F#7
F#7

Tom: Si menor
Intrdução: Bm7 F#7(b9) (4 vezes)

Bm7   C#m7(b5)
  Meu   mundo   você
          F#7   Bm7   F#7
   É   quem   faz
Bm7   C#m7(b5) F#7   Em7
  Música   letra   e   dança
Em7   F#7
 Tudo em você é fullgás
F#7   Bm7
 Tudo em você é quem lança
      F#7
 Lança mais e mais
Bm7   C#m7(b5) F#7 Bm7
  Só vou te   contar   um segredo
F#7   Bm7
 Não,   nada...
        C#m7(b5) F#7   Em7
 Nada   de   mau nos alcança
Em7   F#7
 Pois tendo você meu brinquedo
F#7   G7M   A7   B
 Nada machuca nem cansa
Bm   Bm/A   G7M   A7
 Na   na ra   ru   oh
                 B   B7
 Então venha me dizer o que será

               F#m7   B7   E6
 Da minha   vida   (oh) sem você
Em7   D#m   G#7
 Noites de   frio   / Dia não há
C#7   G7   F#7
 E num mundo estranho pra me segurar
                   B   B7
 Então onde quer que você vá é lá
             E6
 Que eu vou estar amor esperto
          A7
 Tão   bom   te   amar.

Bm7 F#7(b9) (4 VEZES)

Bm7   C#m7(b5) F#7 Bm7   F#7
 E tudo de   lindo   que eu faço
Bm7   C#m7(b5) F#7   Em7
 Vem com   você, vem   feliz
Em7   F#7
 Você me abre seus braços
F#7   G7M
 E a gente faz um país
Em7   F#7
 Você me abre seus braços
F#7   G7M   A7
 E a gente faz um país.

Final: [: Bm7(9) G7M A7 :] Bm7(9)

Good bye boy

Assis Valente

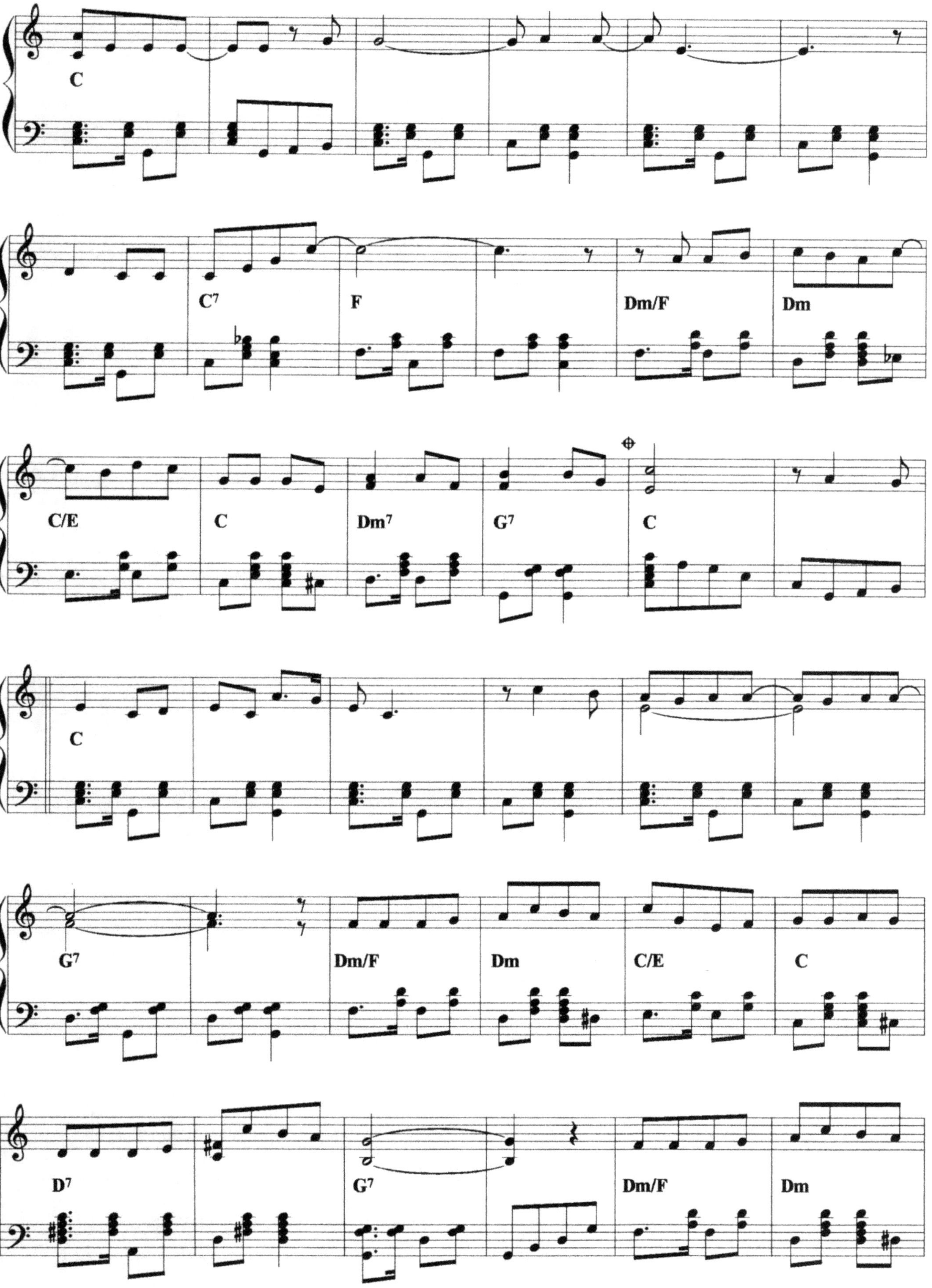
C
C7
F
Dm/F
Dm
C/E
C
Dm7
G7
C
C
G7
Dm/F
Dm
C/E
C
D7
G7
Dm/F
Dm

Tom: C
Introdução: Dm/F Dm C/E C G7 C° C Dm/F Dm C/E C Dm7 G7 C

C
Good-bye, good-bye, boy
C/E   Eb°   G7
Deixa a mania do inglês

É tão feio pra você, moreno frajola,
                                C
Que nunca freqüentou as aulas da escola.

Good-bye, good-bye, boy
C7   F
Antes que a vida se vá
Dm/F   Dm   C/E   C
Ensinaremos cantan - do a todo mundo

     Dm7   G7   C
Be-e-Bé, Be-e-Bi, Be-a-Bá
          C
Não é mais boa-noite nem bom-dia
                                    G7
Só se fala good morning, good night,
Dm/F   Dm   C/E   C
Já se desprezou o lampião de querosene,
         D7   G7
Lá no morro só se usa luz da Light

Dm/F   Dm   C/E   C
Já se desprezou o lampião de querosene,
         Dm7   G7   C
Lá no morro só se usa luz da Light.

João Valentão

Dorival Caymmi

C/G A7 Dm Dm7M/A Dm7 D7M/A D D7
G7 B♭7(13) E♭ Fm Gm C7(♭9) Fm7
Fm Gm A♭ B♭7 E♭ E♭7M/B♭ E♭6 B♭m7 E♭ A♭ A♭6
A° E♭/B♭ C7 Fm Gm A♭ B♭7
E♭ A♭ A♭m6 1. E♭6 B♭7(13) 2. E♭6 B♭m7 E♭ A♭ A♭6 A°

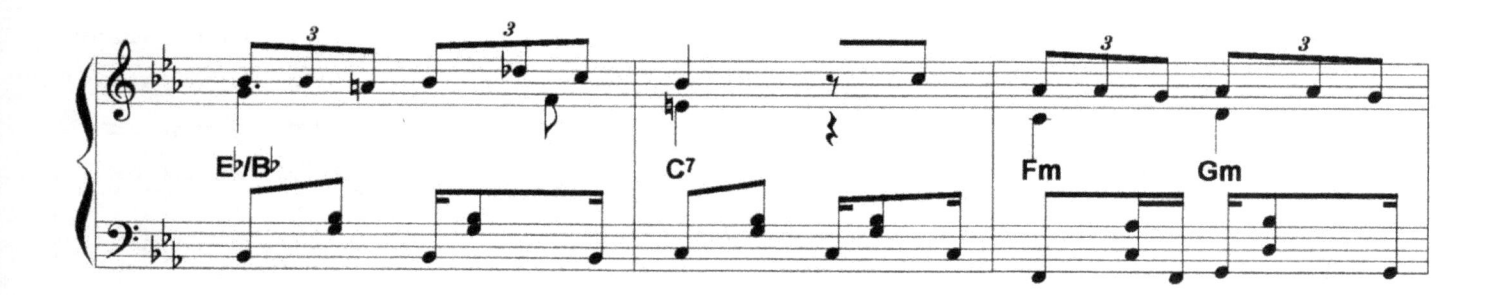

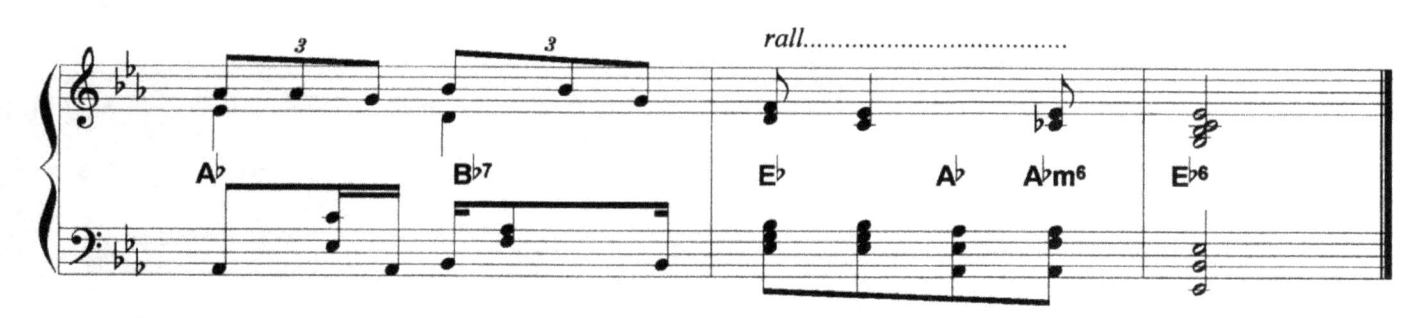

Tom: C

```
      C       C7/E        F
João Valentão é brigão

      Fm6/Ab              C/G
Pra   dar    bofetão
      F#°                 F6
Não presta atenção
      Dm        G    G7
E nem pensa na vida
      Dm7    F6   G   G7
A todos João intimida
      Dm7    F6   G   G7
Faz coisas que até Deus duvida
      Dm7    F6   G   G7
Mas tem seus momentos na vida
C       C7M/G    C6
Quando o  sol vai quebrando
      C#°    Dm       Dm7        A7
Lá   pro fim do mundo pra noite chegar
      Dm7    Em7       F7M
É quando se ouve mais forte
      G      C      C7M/G   C6   Gm7
O ronco das ondas na  beira do mar
C7    F         F6     F#°
É   quando o cansaço da lida da vida
      C/G              A7
Obriga João descansar
      Dm    Dm7M/A   Dm7   Dm7M/A
É quando a morena se enrosca
      Dm7M/A   D      D7        G7
Pro    lado da gente querendo agradar
Bb7(13)    Eb        Fm
      Se a  noite é de lua
           Gm    C7(b9)    Fm7
      A vontade é de contar mentiras, é se espreguiçar
           Fm      Gm    Ab
      Deitar na areia da praia
```

```
                Bb7        Eb      Eb7M/Bb     Eb6      Bbm7
      Que acaba onde a vista não   pode alcançar
      Eb   Ab       Ab6        A°
      E assim adormece esse   homem (BIS)
                     Eb/Bb              C7
      Que nunca precisa dormir pra sonhar
                Fm       Gm       Ab
      Porque  não  há  sonho  mais  lindo
           Bb7    Eb6   Ab   Abm6   Eb6   Bb7(13)  Bbm7
      Do que sua terra,   não    há
      Eb   Ab       Ab6        A°
      E assim adormece esse   homem
                     Eb/Bb              C7
      Que nunca precisa dormir pra sonhar
                Fm       Gm       Ab
      Porque  não há sonho  mais  lindo
           Bb7    Eb6   Ab   Abm6   Eb6
      Do que sua terra,   não    há.
```

Infinito desejo

Gonzaga Júnior

TOM – RÉ MAIOR – D A7 D
INTRODUÇÃO – D6 G7

D7M   G6   D7M
Ah, infinito delírio chamado desejo
      G6   D7M
Essa fome de afagos e beijos
    F#m   F°   Em   B7
Essa sede incessante de amor
Em   A7   Em
Ah, essa luta de corpos suados
  A7   Em
Ardentes e apaixonados
          A7   D7 A7
Gemendo na ânsia de tanto se dar
D7M   G6   D7M
Ah, de repente o tempo estanca
                  Am
Na dor do prazer que explode
           D7   G6
É a vida, é a vida, é a vida, e é bem mais.
Gm7   C7
Esse teu rosto sorrindo

       F#m   B7
Espelho do meu no vulcão da alegria
   Em   A7   D6
Te amo, te quero, meu bem não me deixe jamais
  Em   A7   D7M
E eu sinto a menina brotando da coisa linda
       B7
Que é ser tão mulher
   Em   A7
Oh! santa madura inocência
     Am   B7
O quanto foi bom e pra sempre será
Em   A7   D6
E o que mais importa é manter essa chama
          B7
Até quando eu não mais puder
 Em   A7
E a mim não me importa nem mesmo
         D7M G6(9) D7M G6(9)
Se Deus não quiser.

Iracema

Adoniran Barbosa

TOM – SI MENOR
INTRODUÇÃO – Bm G F#7 Bm F#7

  Bm   F#7   Bm
Iracema, nunca mais eu te vi
  B7   Em
Iracema, meu grande amor foi embora
                  Bm
Chorei, eu chorei de dor porque
  F#7   Bm
Iracema, meu grande amor foi você.
        F#7   Bm
Iracema, eu sempre dizia
        B7   Em
Cuidado ao travessar estas ruas
                         Bm
Eu falava, mas você não me escutava não
  F#7   Bm
Iracema, você travessou contramão
  C#m7(b5) F#7   Bm
E hoje ela   vive lá no céu

    C#m7(b5) F#7   Bm
Ela vive bem juntinho de Nosso Senhor
              Em
De lembrança guardo somente
    F#7   Bm
Suas meias e teu sapato
  G   F#7   Bm
Iracema, eu perdi o teu retrato.

(falado)
Iracema, faltava vinte dias pro nosso casamento
Que nóis ia se casá
Você travessou a rua São João
Vem um carro e te picha no chão
Você foi pra sistência, o chofer não teve culpa
Iracema, paciência.

Juízo Final

Nelson Cavaquinho e Élcio Soares

TOM – DÓ MENOR – Cm G7 Cm
INTRODUÇÃO – Dº G7

  Cm7 Db   G7
O sol   há de brilhar mais uma vez
  Fm7 Ab   G7
A luz   há de chegar aos corações
  Cm7 Db   G7
No mal   será queimada a semente
  Fm7 G7   Cm7
O amor   será eterno novamente
Fm6   G7
É o juízo final.

  Ab   G7
A história do bem e do mal
Fm6   G7
Quero ter olhos pra ver
     Ab   D7   G7
A maldade desaparecer
  Cm7 D   G7
No mal   será queimada a semente
   Fm7 G7   Cm7
O amor   será eterno novamente.

Latin Lover

João Bosco e Aldir Blanc

```
TOM – LÁ MENOR – Am E Am
INTRODUÇÃO – G7M Bm7 E7
```

     Am7
Nos dissemos
        Am7   D7   Gm7
Que o começo é sempre, sempre inesquecível
     Gm7   C7   Bº
E no entanto, meu amor, que coisa incrível
     Bº   E7   Am7 Bm7 E7
Esqueci nosso começo inesquecível
     Am7
Mas me lembro
     Am7   D7   Gm7
De uma noite – sua mãe tinha saído
     Gm7   C7   Bº
Me falaste de um sinal adquirido
     Bº   E7   A7M Em7 A7
Numa queda de patins em Paquetá:
A7(4)   A7   G#º
C#7
– Mostra doeu? Ainda dói? A voz mais rouca
     F#m7
E os beijos
   B7   Dm6 E7
Cometas percorrendo o céu da boca
     A7M
As lembranças
     A6   Gm7 C7(#11)
Acompanham até o fim um latin lover
     F7M
Que hoje morre
     Dm7   Bº E7
Sem revólver, sem ciúmes, sem remédio
     A7M(9)
De tédio.

Lança Perfume

Rita Lee e Roberto de Carvalho

Gsus9 G D7M Ab7(9,#11) Gsus9 G D7M Ab7(9,#11) Gm(sus4) C7
F Gm(sus4) C7 F 1. Em A7 2. Em A7
Em7 A7 Em7 A7 D7M D6 D7M D6 Em7 A7
Em7 A7 D7M D6 D7M D6 Em7 A7 Em7 A7
D7M D6 D7M D6 D7M D6 Em7 A7 Em7 A7 1. B7(4,9)

Tom: D
Intro: D Bm7 Em7 A7 D Bm7 Em7 A7

```
         D7M     Bm7      Em7       A7
         Lança menina, lança todo esse perfume,
         D7M     Bm7      Em7       A7
         Desbaratina, não dá pra ficar imune
         F7M     Dm7      Gm7       C7      Em7(9)  A7(9; 13)
         Ao teu amor que tem cheiro de coisa maluca,
         D7M         Bm7      Em7       A7
         Vem cá, meu bem, me descola um carinho
         D7M     Bm7      Em7       A7
         Eu sou neném, só sossego com beijinho
         F7M     Dm7      Gm7       C7      Em7(9)
         Vê se me dá o prazer de ter prazer comigo
A7(9; 13) Ab7(9,#11)
          Me aqueça
Gsus9          D7M     Ab7(9,#11)
          Me vira de ponta cabeça
Gsus9          D7M     Ab7(9,#11)
          Me faz de gato e sapato
Gm(sus4)  C7       F
          Me deixa de quatro no ato
Gm(sus4)  C7          F       Em A7
          Me enche de amor, de amor.

         Em7   A7   Em7  A7    D7M  D6/A
         Lança,         lança perfume
D7M      D6/A
         (Oh, oh, oh, oh, oh)
         Em7   A7   Em7  A7    D7M  D6/A
         Lança,         lança perfume
D7M      D6/A
         (Oh, oh, oh, oh, oh)
         Em7   A7   Em7   A7     D7M  D6/A D7M  D6/A
         Lança,   lan - ça,   lança perfume
         Em7    A7  Em7 A7      D6/A     D7M  D6/A D7M(9)
         Lan - ça,     per – fu – me
```

Lua de São Jorge

Caetano Veloso

A
E7sus4
A
F♯7
B7
E
F♯m
C♯m7
D
Dm
A/C♯
F♯7
B7
E7
1.,2.
A
E7sus4
3.
A A/G♯ F♯7
Bm7
E7
Bm7
E7
Bm7
E7
C♯7(13) C♯7(♭13)
F♯7(9,4)
F♯7(♭9)
Bm7
E7

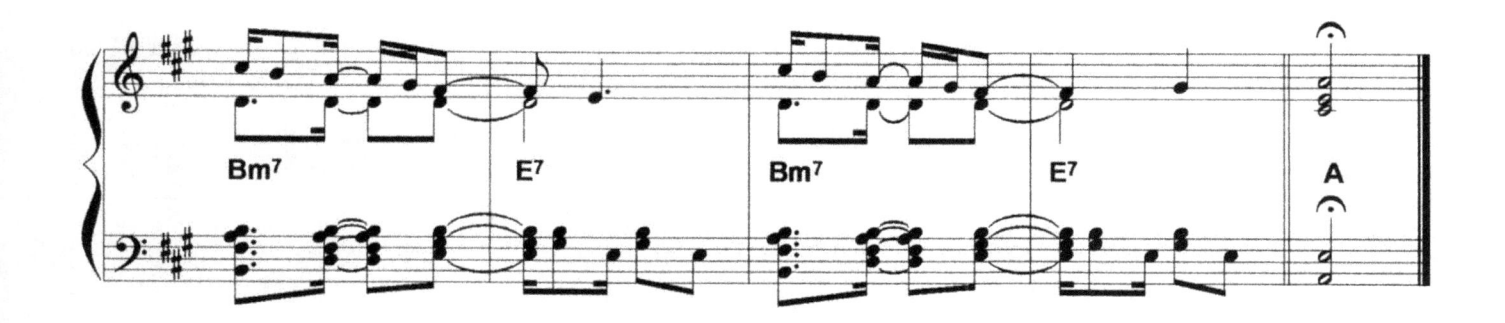

Tom: D

```
D          D#º      E
Lua de São Jorge,    lua deslumbrante
A7              D          G/A
Azul verdejante, cauda de pavão
D          D#º      E
Lua de São Jorge,    cheia, branca, inteira
A7              Bm7           F#7
Ó minha bandeira solta na amplidão
G       Gm6/Bb  D/A    B7  E7     A7  D
Lua de São Jorge,    lua brasileira, lua do meu coração.


A       F#7    B7
Lua de São Jorge, lua deslumbrante
E7            A         E7sus4
Azul verdejante, cauda de pavão
A       F#7    B7
Lua de São Jorge, cheia, branca, inteira
E            F#m         C#m7
Ó minha bandeira solta na amplidão0
D      Dm  A/C#   F#7   B7       E7  A   E7sus4
Lua de São Jorge, lua brasileira, lua do meu coração.


A       F#7    B7
Lua de São Jorge, lua maravilha
E7            A         E7sus4
Mãe, irmã e filha de todo esplendor
A       F#7    B7
Lua de São Jorge brilha nos altares
E            F#m         C#m7
Brilha nos lugares onde estou e vou
D      Dm  A/C#        F#7   B7       E7   A   E7sus4
Lua de São Jorge brilha sobre os mares, brilha sobre o meu amor.


A       F#7    B7
Lua de São Jorge, lua soberana
E7            A         E7sus4
Nobre porcelana sobre a seda azul
A       F#7    B7
Lua de São Jorge, lua da alegria
E            F#m         C#m7
Não se vê um dia claro como tu
D      Dm  A/C#        F#7   B7       E7   A
Lua de São Jorge serás minha guia no Brasil de Norte a Sul...
```

Leão Ferido

Biafra e Dalto

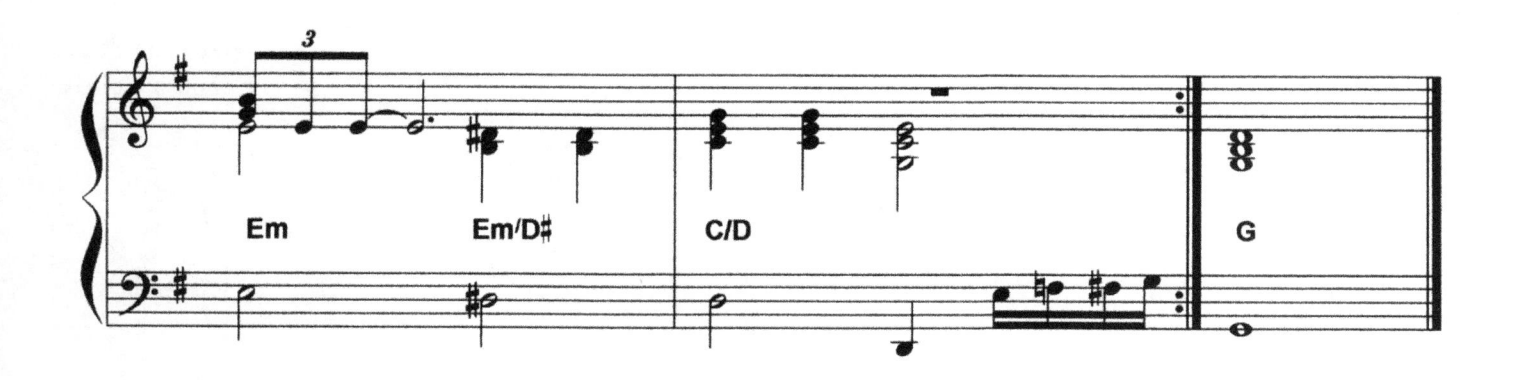

```
TOM – SOL MAIOR – G  D7  G
INTRODUÇÃO – G  Cm/G  G  Cm/G  G
```

      G(#5) G6
Feche os olhos não te quero mais
    E7 C7M
Dentro do coração
       F7
Quantas vezes eu tentei falar
Em   Em/D# C/D G
Com você
       G(#5) G6
Eu não gosto de me ver assim
      E7 C7M
Mas não tem solução
     F7
A verdade dói demais em mim
Em   Em/D# C/D G
Solidão
      F#º G
Tenho que ser bandido
F7   E7 Am
Tenho que ser cruel
  C7M F7 B7
Um leão ferido
Em Em/D# C/D G
Feroz
     F#º G
Sou um herói vencido
 F7   E7 Am
Anjo que fere o céu
    C7M F7 B7
Grito de amor sumido
Em Em/D#
A voz
C/D G
E nós.

Luz e mistério

Beto Guedes e Caetano Veloso

Instrumental
Voz
D/F♯ E7(9) F♯7(9) Bm7 E7/G♯ Em7 Em7 D6(9)/F♯
G/B G6 A7/G D7M/F♯ F°
Em7 D/F♯ D/F♯ E7/G♯
A D/F♯ E7/G♯
Ao 𝄋 e ⊕
D/F♯ E7(9) F♯7(9) Bm7 E7/G♯ G/B

```
          TOM – RÉ MAIOR – D  A7  D
          INTRODUÇÃO – Em7  D6/F#
```

     G/B
Oh! Meu grande bem
      G6   A7/G
Pudesse eu ver a estrada
    D7M/F#
Pudesse eu ter
F°   Em7
A rota certa que levasse até
     D6/F#
Dentro de ti
   G/B
Oh! Meu grande bem
     G6   A7/G
Só vejo pistas falsas
  D7M
É sempre assim
F°
Cada picada aberta
Em7   D/F#   E7/G#
Me tem mais fechado em mim
A
És um luar
           D/F#   E7/G#
Ao mesmo tempo luz e mistério
A
Como encontrar
           D/F#   E7(9) F#7(9)
A chave desse teu riso sério.

(Instrumental) Bm7 E7/G# Em7 D6/F#

   G/B
Doçura de luz
     G6   A7G
Amargo e sombra escura
   D7M/F#
Procuro em vão
F°   Em7   D/F# E7/G#
Banhar-me em ti e poder decifrar teu coração
A
És um luar
           D/F#   E7/G#
Ao mesmo tempo luz e mistério
A
Como encontrar
           D/F# E7(9) F#7(9) Bm7 E7/G#
A chave desse teu riso sério.
G/B
Meu grande bem
     G6
Pudesse eu ver a estrada
          D/F# E7(9) F#7(9) Bm7 E7/G#
A chave desse teu riso sério
G/B   G6   A7/G   D7M/F#
Oh! Grande mistério meu bem, doce luz
F°   Em7
Abrir as portas desse império teu
    D6/F#
E ser feliz.

(Instrumental) G/B Em7 D6/F# (fade out)

Malandragem

Cazuza e Frejat

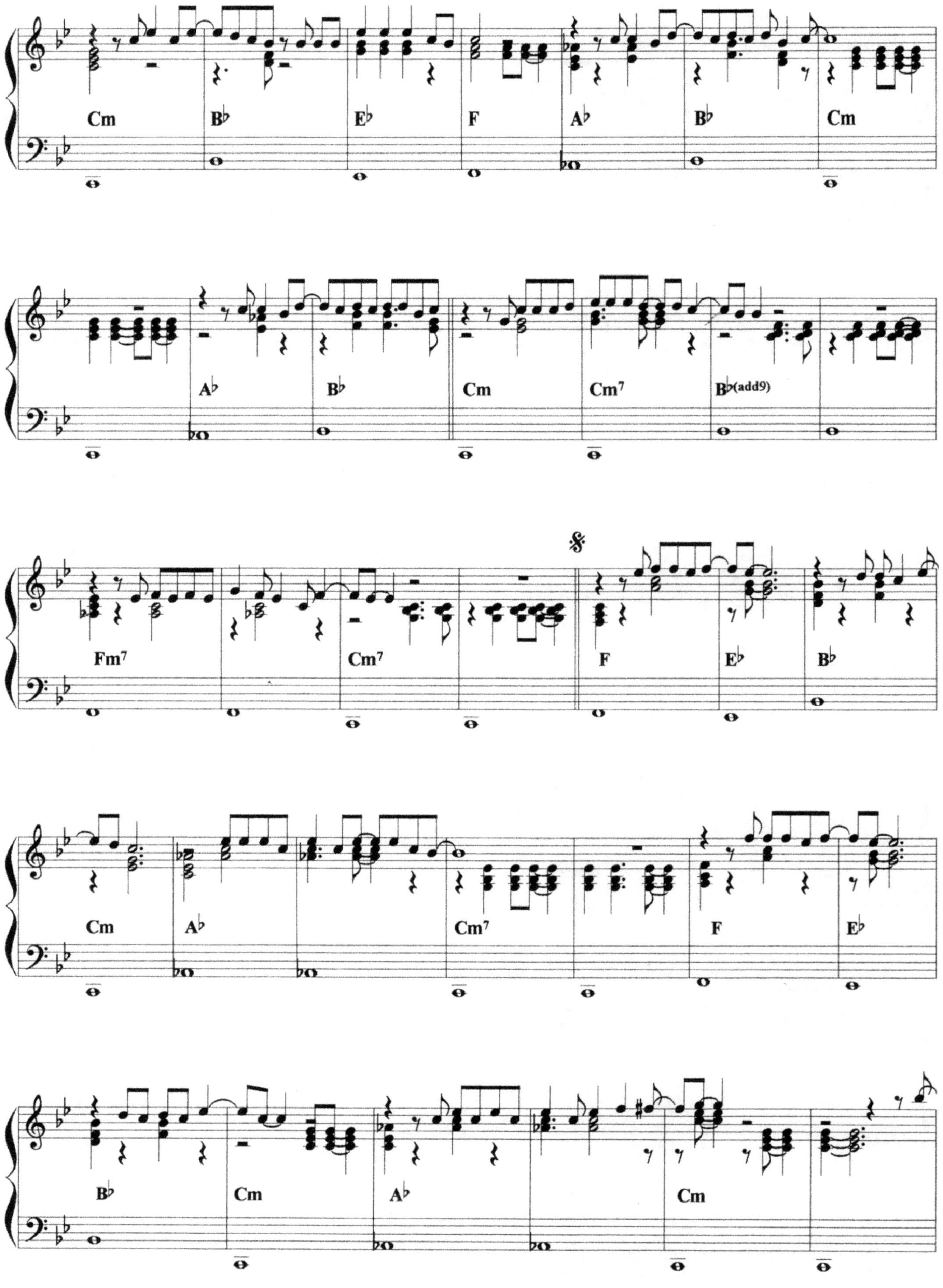
Cm B♭ E♭ F A♭ B♭ Cm
A♭ B♭ Cm Cm7 B♭(add9)
Fm7 Cm7 F E♭ B♭
Cm A♭ Cm7 F E♭
B♭ Cm A♭ Cm

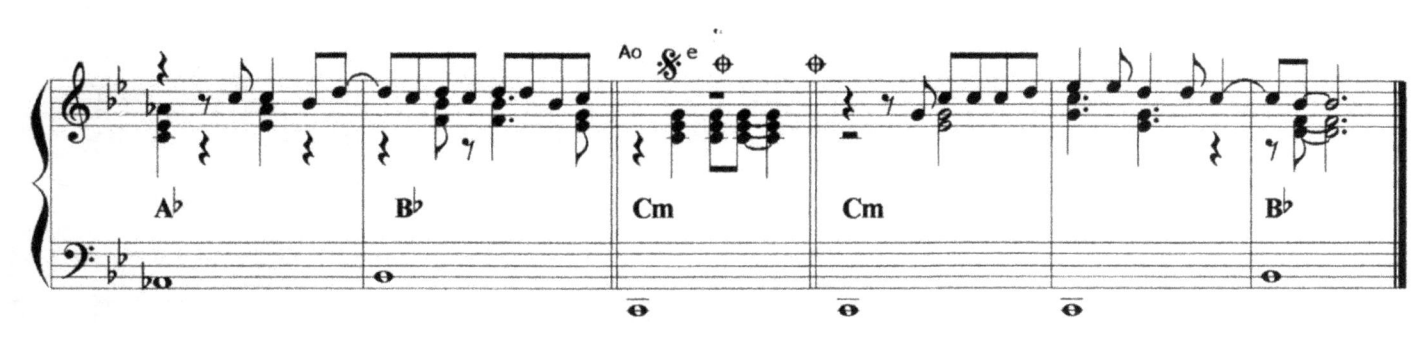

TOM – DÓ MENOR – Cm G7 Cm
INTRODUÇÃO – Dm7 G7 Cm

Cm   Bb   Fm
Quem sabe eu ainda sou uma garotinha
                             Cm
Esperando o ônibus da escola sozinha
                             Bb   Fm
Cansada com minhas meias três-quartos
                   Cm
Rezando baixo pelos cantos
     Bb   Ab Cm
Por ser uma menina má
                    Bb   Fm
Quem sabe o príncipe virou chato
                  Cm
Que vive dando no meu saco
     Bb   Ab   Cm
Quem sabe a vida é não sonhar
     Bb
Eu só peço a Deus
      Eb   F   Cm
Um pouco de malandragem
     Bb
Pois sou criança
     Eb   F   Ab
E não conheço a verdade
     Bb   Cm Ab
Eu sou poeta e não aprendi a amar

             Bb   Cm
Eu sou poeta e não aprendi a amar.
                      Bb   Fm
Bobeira é não viver a realidade
                     Cm   F
Eu ainda tenho uma tarde inteira
           Eb   Bb
Eu ando nas ruas
         Cm   Ab
Eu troco cheque
                     Cm   F
Mudo uma planta de lugar
           Eb   Bb
Dirijo meu carro
         Cm   Ab
Tomo meu pileque
                                Cm
E ainda tenho tempo pra cantar, pra cantar
           Bb
Eu só peço a Deus
      Eb   F   Cm
Um pouco de malandragem
     Bb
Pois sou criança
     Eb   F   Ab
E não conheço a verdade
     Bb   Cm Ab
Eu sou poeta e não aprendi a amar
     Bb   Cm
Eu sou poeta e não aprendi a amar
                             Bb
Quem sabe eu ainda sou uma garotinha.

Mais Feliz

Dé, Bebel Gilberto e Cazuza

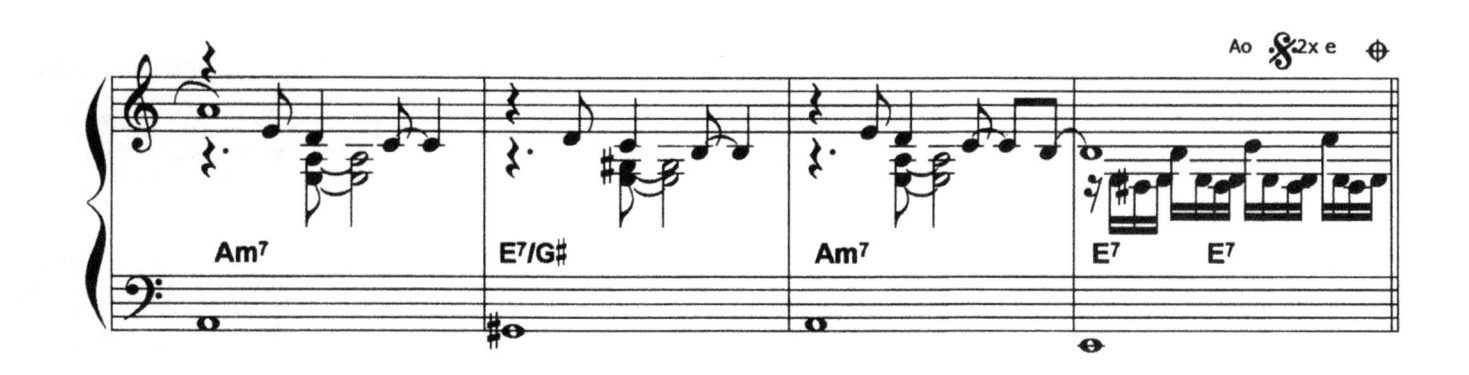

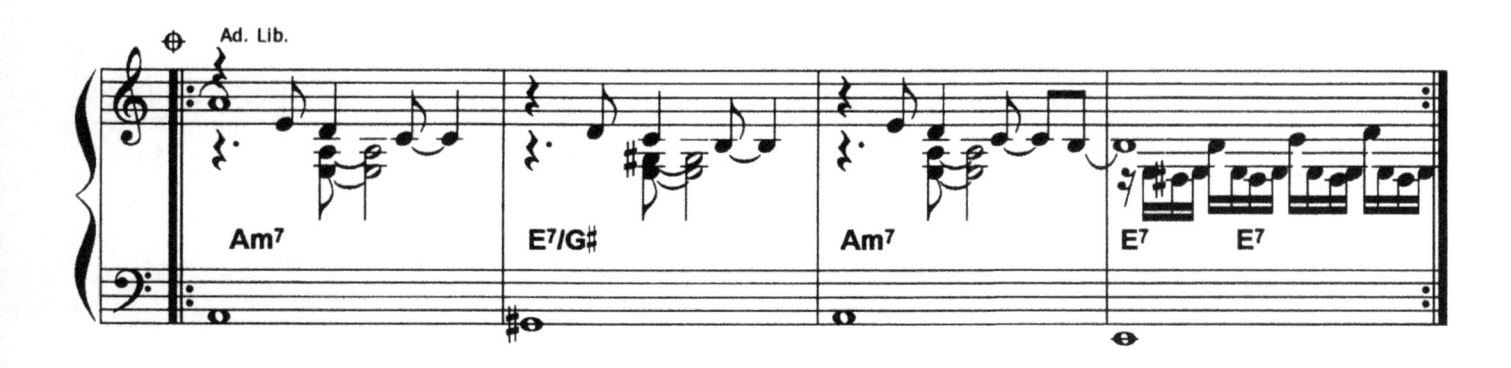

```
TOM – LÁ MENOR – Am  E7  Am
INTRODUÇÃO – Am  E7/G#  Am7  E7
```

```
     Am                    F6         Bb
     O nosso amor não vai parar de rolar
                     E7
     De fugir e seguir com o rio
     Am                      F6
      Como uma pedra que divide o rio
     Bb             E7
     E diga coisas bonitas
     Am                      F6         Bb
     O nosso amor não vai olhar para trás
                     E7
     Desencantar nem ser tema de livro
     Am                 F6
      A vida inteira eu quis um verso simples
     Bb                E7
     Pra transformar o que eu digo
Dm7
       E nas fáceis , calafrios
E7
        Fura o dedo faz um pacto comigo
Dm7
       Por um segundo teu no meu
E7                          Am  E7/G#  Am7
Por um segundo faz feliz.
```

Mais uma valsa, mais uma saudade

José Maria de Abreu e Lamartine Babo

Tom: G

```
G         G/D              G G° G G° G
Mais uma valsa... mais uma sauda - de...
       G       G#°    D7/A D7
De alguém que não me quis...
Am      Am/E           Am7  D7
Vivo cantando, a sós, pela cida - de,
     D7   D7(#5)  G
Fingindo ser     feliz...
G7                    C
Fiz das lembranças uma coleção
         C/B
Nem sei...
A7      A7/E       A7  D7
Quantas palavras no meu coração
        D7sus4 D7
Gravei...
G        G/D            Bm7(b5) E7
Mais uma valsa... mais uma sau - da - de...
     Am7      D7    G   G6
Saudade que nos vem de alguém!...
```

Mentiras

Adriana Calcanhotto

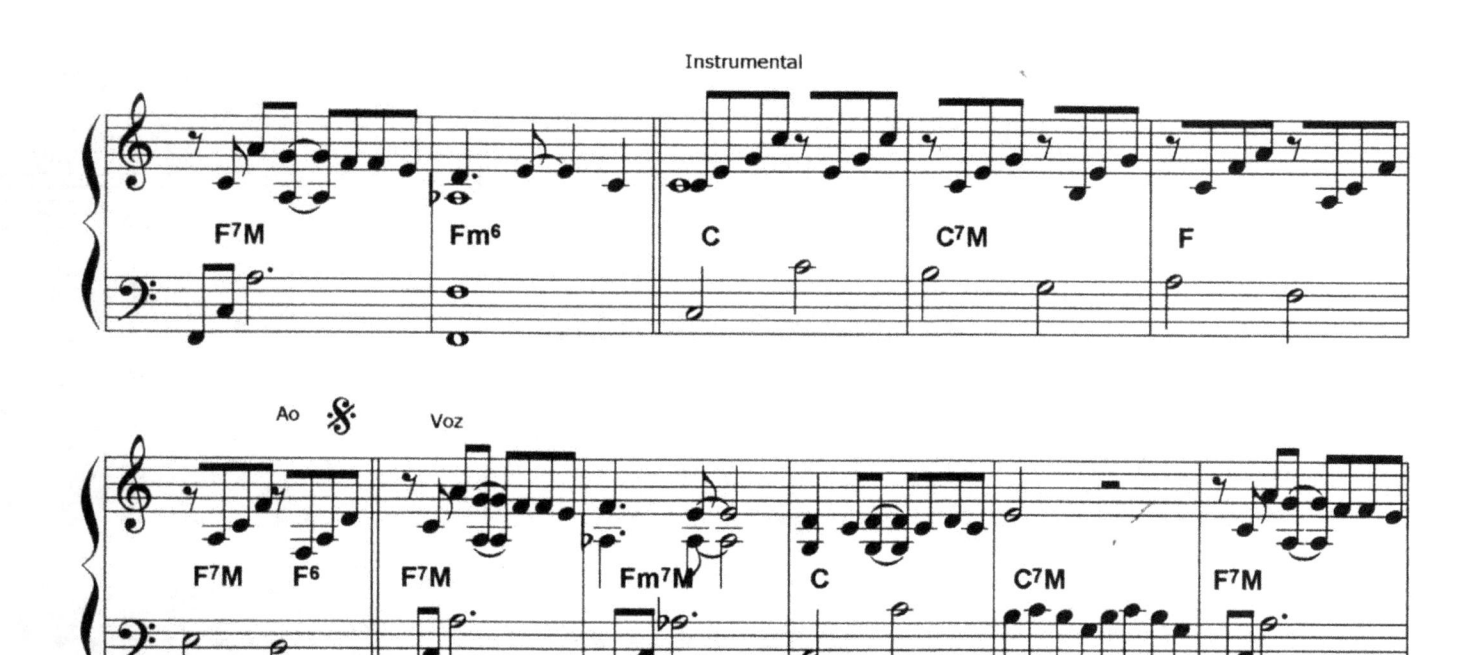

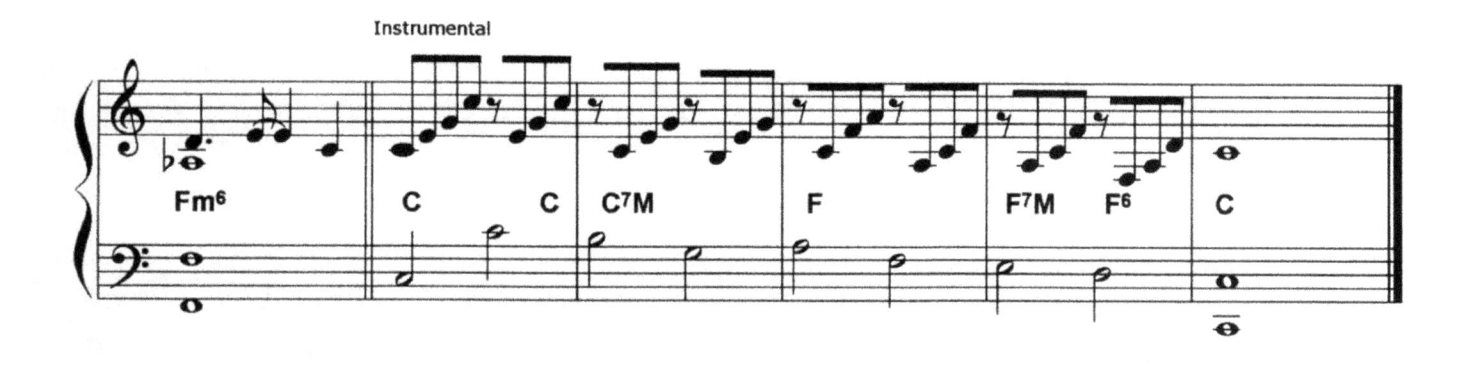

```
TOM – DÓ MAIOR – C G C
INTRODUÇÃO – C C7M F F7M F6
```

C   C7M   F
Nada ficou no lugar
         F7M   F6   C
Eu quero quebrar suas fitas
       C7M   F
Eu vou enganar o diabo
     F7M   F6   C
Eu vou acordar sua família
      C7M   F
Eu vou escrever no seu muro
   F7M   F6   C
E violentar o seu rosto
     C7M(#5)   F
Eu quero roubar no seu jogo
    C7m(#5)   C C7M C6 F7M
Eu já arranhei os seus discos
              Fm7M
Que é pra ver se você volta
C   C7M
Que é pra ver se você vem
F   Fm6   C C7M F F7M F6
Que é pra ver se você olha pra mim

C   C7M   F
Nada ficou no lugar
        F7M   F6 C
Eu quero entregar suas mentiras
       C7M   F
Eu vou invadir sua alma
   F7M F6   C
Queria falar sua língua
       C7M   F
Eu vou publicar seus segredos
     F7M F6   C
Eu vou mergulhar sua guia
      C7M(#5)   F
Eu vou derramar nos seus planos
     C7M(#5)   C C7M C6 F7M
O resto da minha alegria
              Fm7M
Que é pra ver se você volta
C   C7M
Que é pra ver se você vem
F   Fm6   C C7M F F7M
Que é pra ver se você olha pra mim.

Metade

Adriana Calcanhoto

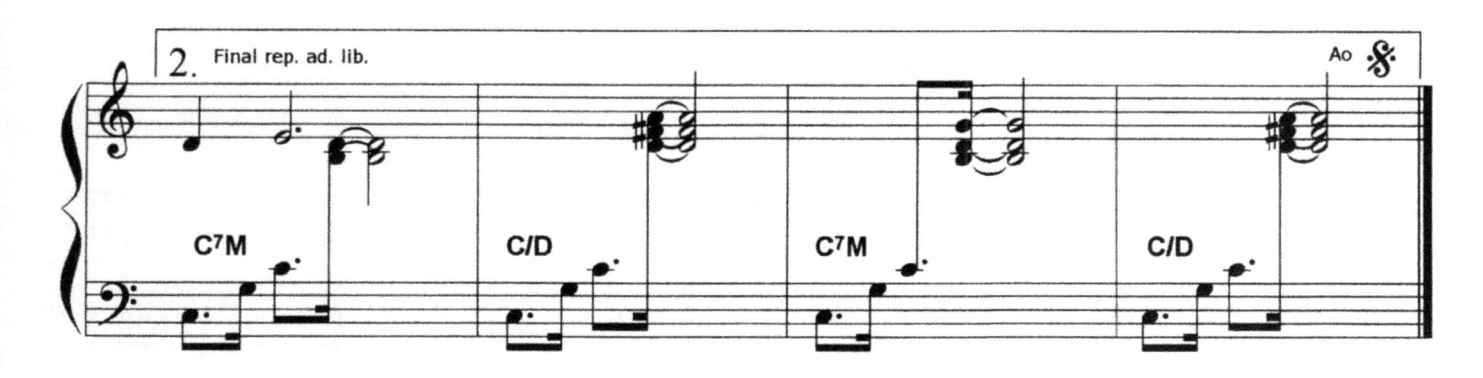

TOM – DÓ MAIOR – C G7 C
INTRODUÇÃO – C7M C/D C7M C/D

Dm7   Em7   Dm7
Eu perco o chão, eu não acho as palavras
                  Em7   Dm7
Eu ando tão triste, eu ando pela sala
                Em7   Dm7
Eu perco a hora, eu chego no fim
              Em7   Dm7
Eu deixo a porta aberta
                          C7M
Eu não moro mais em mim
F7M
    Eu perco as chaves de casa

    Eu perco o freio
Em7
    Estou em milhares de cacos

    Eu estou ao meio
F7M   C7M
    Onde será que você está agora?

Metamorfose Ambulante

Raul Seixas

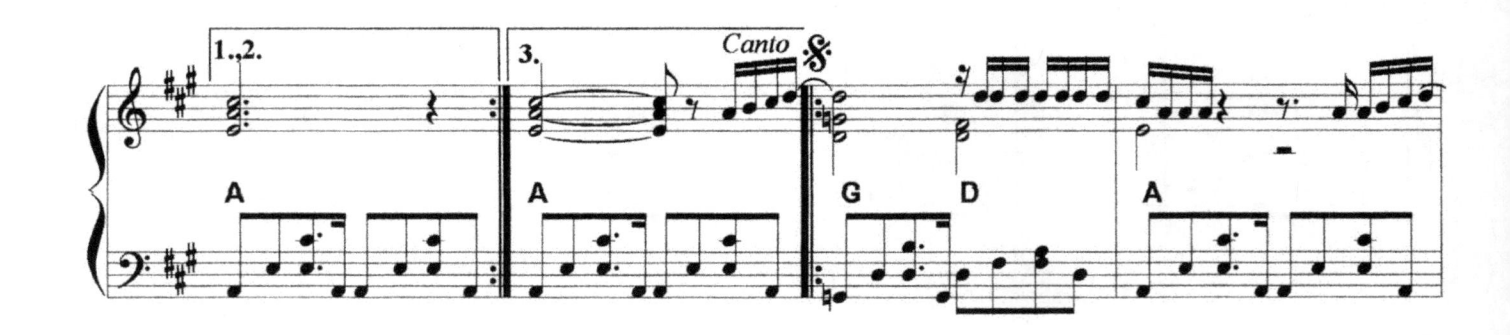

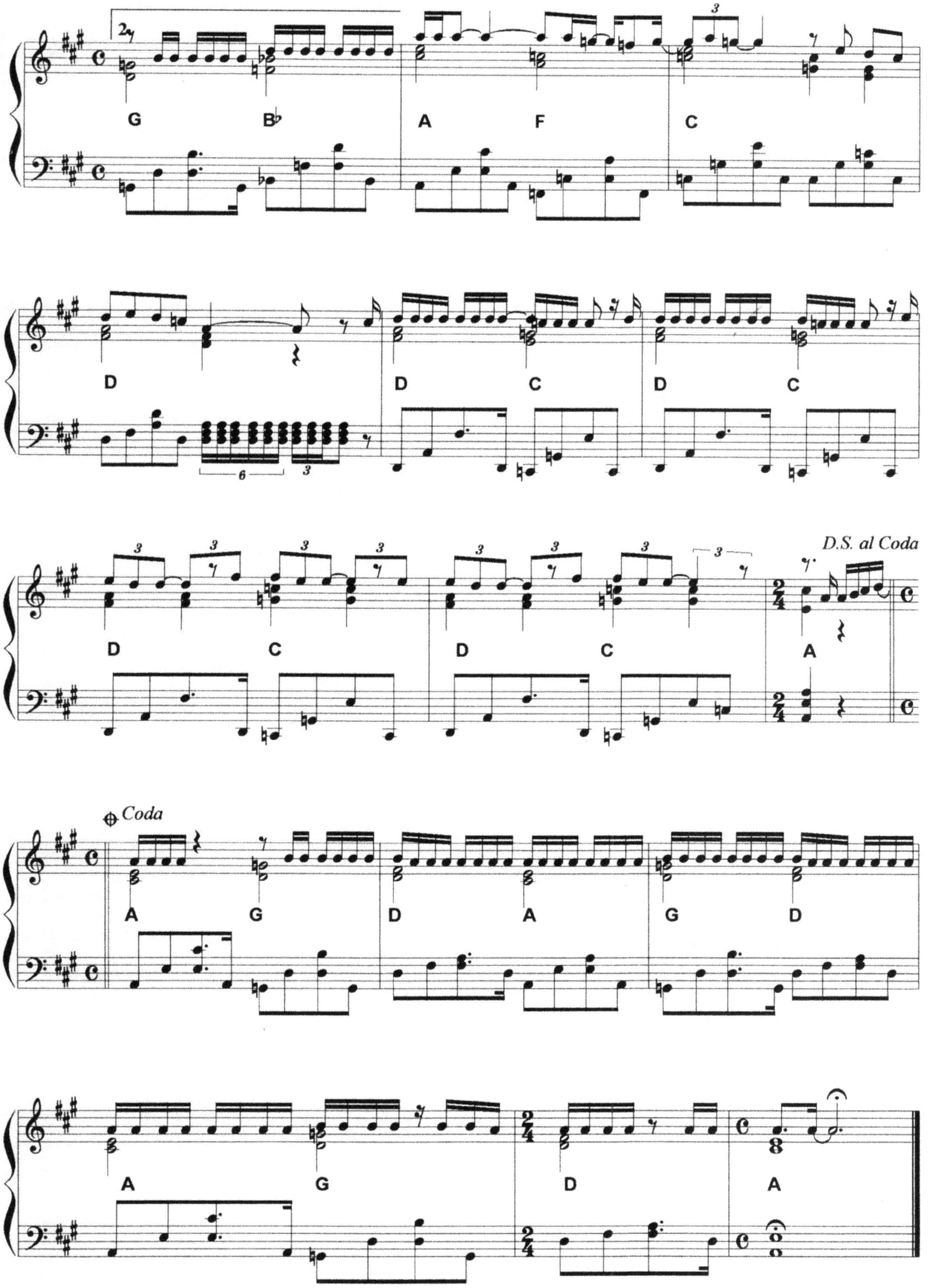
G
B♭
A
F
C
D
D
C
D
C
D.S. al Coda
D
C
D
C
A
Coda
A
G
D
A
G
D
A
G
D
A

Tom: A
Intro: A; G / D / E E7 / A / G D/ A / G D/ A / G D/ A

```
        G
    Eu prefiro ser
D                A
    Essa metamorfose ambulante
              G
    Eu prefiro ser
D                A
    Essa metamorfose ambulante
G           D             A
    Do que ter aquela velha opinião formada sobre tudo
G           D             A
    Do que ter aquela velha opinião formada sobre tudo.
```

G; A; C; A; G / E; G; E / G; E / A

```
              G
    Eu quero dizer
D                     A
    Agora o oposto do que eu disse antes
              G
    Eu prefiro ser
D                A
    Essa metamorfose ambulante
G           D             A
    Do que ter aquela velha opinião formada sobre tudo
G           Bb            A
    Do que ter aquela velha opinião formada sobre tudo.
F       C
    Sobre o que é o amor
              D
    Sobre o que eu nem sei quem sou

    Se hoje eu sou estrela
              C
    Amanhã   já se apagou
     D
    Se hoje eu te odeio
              C
    Amanhã   lhe tenho amor
              D
    Lhe tenho amor
              C
    Lhe tenho horror
              D
    Lhe faço amor
              C
    Eu sou um ator.
```

```
A          G
    É chato! Chega!
D                A
    A um objetivo num instante
              G
    Eu quero viver
D                A
    Nessa metamorfose ambulante
G           D             A
    Do que ter aquela velha opinião formada sobre tudo
G           Bb            A
    Do que ter aquela velha opinião formada sobre tudo
F       C
    Sobre o que é o amor
              D
    Sobre o que eu nem sei quem sou

    Se hoje eu sou estrela
              C
    Amanhã   já se apagou
     D
    Se hoje eu te odeio
              C
    Amanhã   lhe tenho amor
              D
    Lhe tenho amor
              C
    Lhe tenho horror
              D
    Lhe faço amor
              C
    Eu sou um ator.
A            G
    Eu vou desdizer
D                     A
    Aquilo tudo que eu lhe disse antes
              G
    Eu prefiro ser
D                A
    Essa metamorfose ambulante
G           D             A
    Do que ter aquela velha opinião formada sobre tudo
G           D             A
    Do que ter aquela velha opinião formada sobre tudo
G           D             A
    Do que ter aquela velha opinião formada sobre tudo.
```

Minhas madrugadas

Paulinho da Viola e
Candeia

A7
Dm7
G7
C6
C#o
Dm7
G7
C7M
B7
Em7
Bb7
A7
Dm7
D#o
Em7
Bb7
A7
Dm7
Fm7
G7
C7M
Am7
Ao
e
Instrumental
Dm7(9)
G7
C7M
A7(b9)
A7
Dm7
D#o
Em7
Bb7
A7
Dm7
Fm7M
G7
C7M
C6

```
TOM – DÓ MAIOR – C G C
INTRODUÇÃO – Em7  Am7  Dm7  G7  C7M
```

```
C7M                    B7
Vou pelas minhas madrugadas
G7    C6
A cantar
         Ab        C7M   E7
Esquecer o que passou
                  Am7
Trago a face marcada
                  D7
Cada ruga no meu rosto
       G7           Gm7
Simboliza um desgosto.
            C7    F6        E7
Quero encontrar em vão o que perdi
    Am7
Só resta a saudade
     D7    G7   A7
Não tenho paz
         Dm7       G7   C6    C°
E a mocidade que não volta mais.
Dm7              G7
Quantos lábios beijei
C7M
Quantas mãos afaguei
B7                      Em7    Bb7  A7
Só restou saudade no meu coração
Dm7            D#°
Hoje fitando o espelho
Em7            Bb  A7
Eu vi meus olhos vermelhos
Dm7           Fm7  G7
Compreendi que a vida
     (1ª  C7M Am7 Dm7  G7)
Que eu vivi foi ilusão.
   (Final  C7M   C6)
```

Minha vida

Lulu Santos

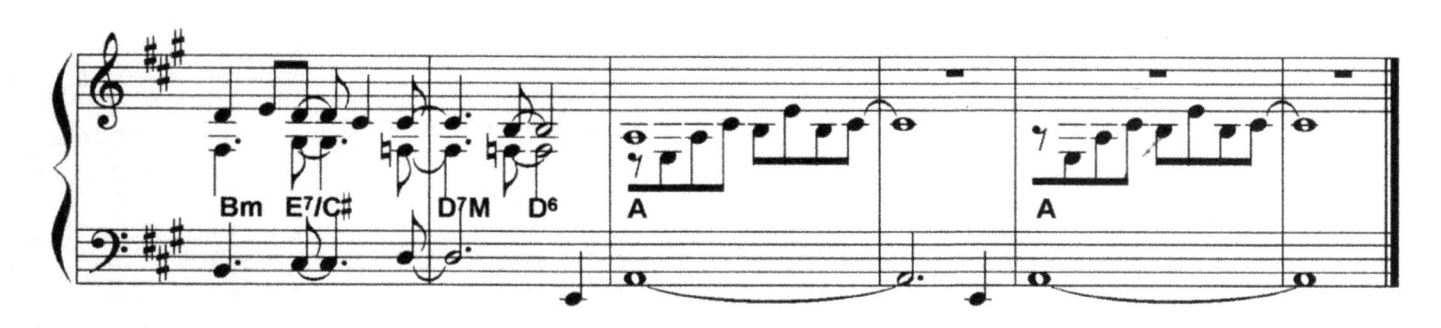

```
TOM – LÁ MAIOR – A E7 A
INTRODUÇÃO – A
```

    A
Quando eu era pequeno
  F#m
Eu achava a vida chata
E
Como não devia ser
  Bm   G
Os garotos da escola
   E7/G#   G
Só a fim de jogar bola
      E7/G# E7
E eu queria ir tocar
      D6   E7
Guitarra na tevê.
   A
Aí veio a adolescência
  F#m
E pintou a diferença
E
Foi difícil esquecer
  Bm   G
A garota mais bonita
     E7/G#   G
Também era a mais rica
      E7/G# E7
Me fazia de escravo
      D6   E7
Do seu bel prazer.

   A
Quando eu saí de casa
    F#m
Minha mãe me disse: baby
E
Você vai se arrepender
  Bm   G
Pois o mundo lá fora
    E7/G#   G
Num segundo te devora.
     E7/G#   E7
Dito e feito mas eu não
     D6   E7
Dei o braço a torcer
D   D6   D
Hoje eu vendo sonhos
        D6
Ilusões de romance
  C#m   F#7
Te toco minha vida
   D/B E7/C# Dm6
Por um troco qualquer
    A
É o que chamam de destino
   C#m7   F#7
E eu não vou lutar com isso
  Bm E7/C# D7M A
Que seja assim enquanto é.

Não me Culpe

Dolores Duran

```
Tom: G
Intro: Am7 D7 G7M G6 G7M C7(#11) G°
       G Am7 F7(9) Eb7(9) D7(9) D7(b9)
```

       Am7 D7(9)
Não me culpe
       Am7 D7(9)   Am7 D7(9) Am7 D7(9)
Se eu ficar   meio sem graça
    Bm7 E7(b9)   Am7 D7(b9)
Toda vez   que você
      G7M Am7 Bm7 C#m7
 Passar por mim.
F#7   B7M   B6   C#m7 F#7(b9)
Não me culpe   se os meus olhos
  Bm7   E7(9) Bm7 E7(9)
O seguirem
     Am7   Bm7
Mesmo quando

    E7(b9)   Am7 F7(9) Eb7(9)
Você nem olhar pra mim
           D7(9) Am7
É que eu tenho
      D7(9) Am7   Cm7 F7(9) D7(9)
Muito amor,   muitas saudades
       Bm7 E7(b9)   Am7 D7(9)   Bm7 E7(9)
E essas coi - sas custam mui - to pra passar.

             C7M   Am7 D7(9)
Não me culpe   não
           Bm7   E7(9)
*(bis)*Pois vai ser assim

       Am7   D7(9)   G Eb7(9) G7M
Toda vez que você passar por mim.

Não tem tradução

Francisco Alves e Noel Rosa

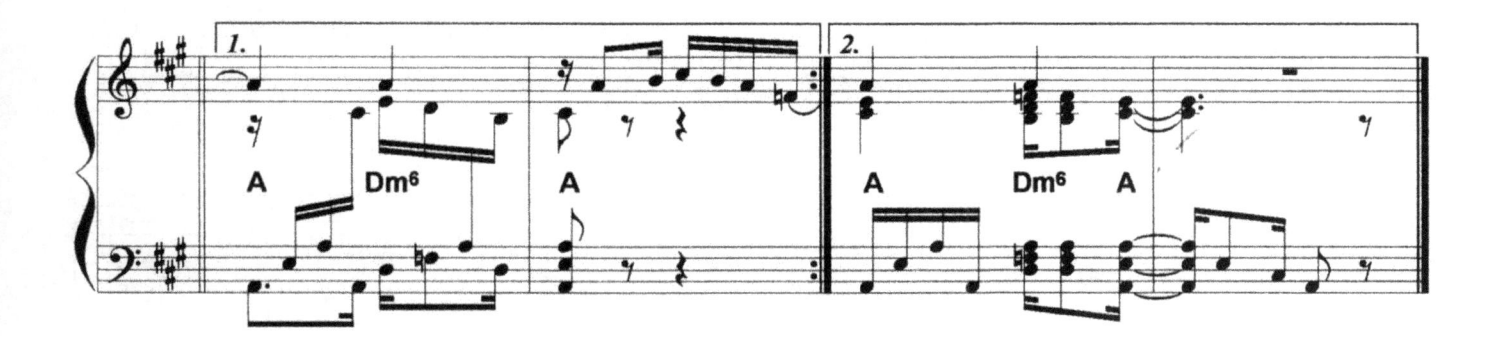

Tom: A
Introdução: A/C# Bm7 E7 A Dm6 A

```
A              Dm6                              A    A7M/E
  O cinema falado é o grande culpado da transformação
A6      A       Em7             A7                   D D7M/A D6
  Dessa gente que sente que um barracão prende mais que um xadrez
D/A     Dm6             A/C#
  Lá no morro, seu eu fizer uma falseta
        F#7     B7      E7      A    A/C#
  A Risoleta desiste logo do francês e do inglês.
C°    Bm7       E7      A A7M/E A6/C#
  A gíria que o nosso morro criou
C°    Bm7       E7 E/D     C#7  C#7sus4/G#
  Bem cedo a cidade aceitou     e usou
C#7   F#7       C#7(b5)  F#7    Bm6     Dm6
  Mais tarde o malandro deixou     de sambar, dando pinote
A/C#        Bm7 E7      A   Dm6
  Na gafieira dançar   o   fox trote.

A              Dm6                              A    A7M/E
  Essa gente hoje em dia que tem a mania da exibição
A6      A       Em7             A7                   D D7M/A D6
  Não entende que o samba não tem tradução no idioma francês
D/A     Dm6             A/C#
  Tudo aquilo que o malandro pronuncia
        F#7     B7      E7      A    A/C#
  Com voz macia é brasileiro, já passou de português.
C°    Bm7       E7      A A7M/E A6/C#
  Amor lá no morro é amor pra chuchu
C°    Bm7       E7 E/D     C#7  C#7sus4/G#
  As rimas do samba não são    I love you
C#7 F#7         C#7(b5)  F#7    Bm6     Dm6
  E esse negócio de alô,      alô boy, alô Johnny
A/C#        Bm7 E7      A   Dm6 A
  Só pode ser conversa de telefone.
```

Naquela estação (Leila L.)

Caetano Velloso, João Donato e Ronaldo Bastos

```
TOM – SOL MAIOR – G D7 G
INTRODUÇÃO – C6/G  G7M  C/G  Cm/G
```

   G6 C6/G   G6   C/G
Você   entrou no trem
              G6   Bm7   E7   Am7 E7
E eu na estação vendo um céu fugir
       Am7   D7(9)   G6 Em7
Também não dava mais para tentar
    A7   C/D   D7
E convencer a
 não partir
   G6 C/D G6 C/D
E agora tudo bem

   D7(b9)   G6
Você partiu
    F6 E7   Am7   C7M
Para ver outras paisagens
         F7
E o meu coração embora
Bm7   E7
Finja a ver mil viagens
Am7   D7   G6
Fica batendo parado naquela estação.

Número Um

Benedito Lacerda e Mário Lago

3
A♭7
G7sus4
G7
C7
C/B♭
Fm/A♭
Fm6
Cm/G
A7
A♭7
G
Cm
C
C♯5
C6
C7M/G
C
C/G
G7/D
A7/C♯
Dm
Dm/C
G7/B
F6/A
G7
G7(♯5)
C
C/G
C

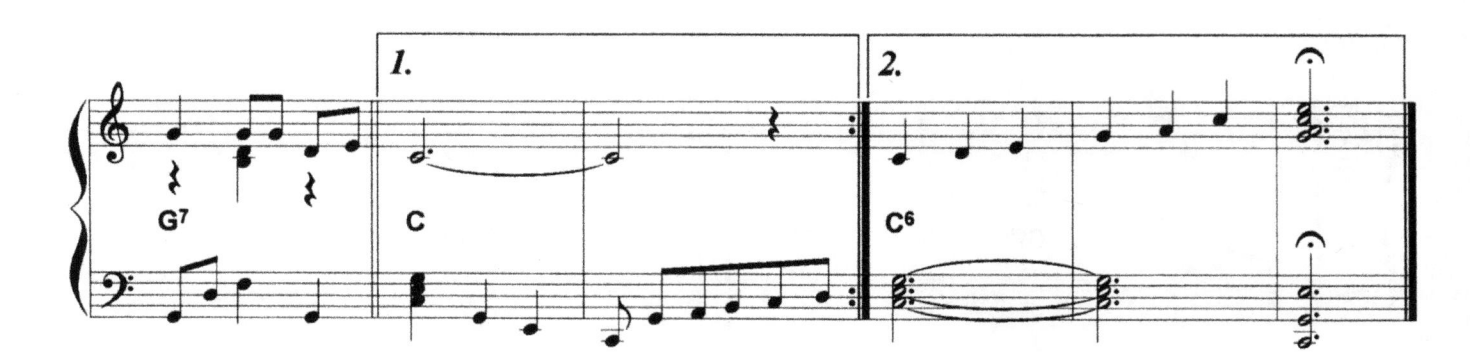

Tom: Cm
Introdução: Cm Cm/Bb Cm/a Ab7 Ab/G G

Cm   Fm6
Passaste hoje a meu lado
 G7   Cm
Vaidosa de braço dado
      G7
Com outro que te encontrou
 Cm D7(b9) Gm   D7(b9)
E eu relembrei comovido um velho amor esquecido
       G7
Que o meu destino arruinou.
Cm   Fm6
Chegaste na minha vida
 G7   Cm
Cansada, desiludida
     G7
Triste mendiga de amor
 C7   Fm6   Cm
E eu, pobre, com sacrifício fiz um céu do teu suplício
  G7 C6 C G7(9) G7
Pus risos na tua dor.

C   C#5 C6
Mostrei-te um novo caminho
    C7M
Onde com muito carinho
     G7 C#º
Levei-te uma ilusão
G7/D G7
Tudo porém foi inútil, eras no fundo uma fútil
 G7(#5)   C
E foste de mão em mão.
    C#5 C6
Satisfaz tua vaidade
      C7M C7
Muda de dono à vonta____de
    F
Isso em mulher é comum
Dm7   Fm6 C
Não guardo frios rancores
      Fm6
Pois entre os teus mil amores
  G7   C
Eu sou o número um.

O Sonho

Egberto Gismonti

© Copyright 1968 by PEERMUSIC DO BRASIL ED. MUSICAIS LTDA.
Todos os direitos autorais reservados para todos os países. All rights reserved.

1.
2.
Fm7/B♭
B♭7
Fm7/B♭
A♭ A♭/G♭
E
B
D
A
D
E7sus4
F♯7sus4 E7sus4 F♯7sus4 E7sus4 F♯7sus4 E7sus4
D.S. al Coda
Coda
B♭sus2, sus4
B♭
Fm7/B♭
B♭7(♭9)
E♭m
A♭m(2,4)
E♭m
A♭m(2,4)
E♭m
A7

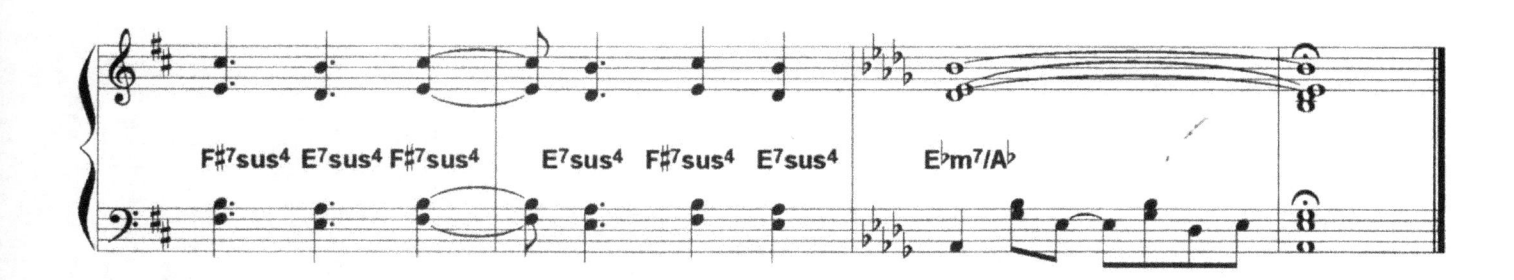

Tom: D

Ebm7/Ab   Fb7
Sinto que ora salto
             Ebm7/Ab
Meu foguete some
            Fb7
Queimando espaço
             Eb7sus4
Tudo vejo e abraço
    Eb7(b9)
A vaidade.
                    Abm
Estou morando em pleno céu
Abm/Gb   Fm7/Bb
Namorando o azul
Bb7   Ebm7/Ab
Vou sonhando e ando
      Fb7
No espaço rouco
            Ebm7/Ab
Meu foguete some
      Fb7
Deixando traços
           Eb7sus4
Entre estrelas vejo
    Eb7(b9)
A liberdade.
           Abm
Fotografo todo céu
Abm/Gb   Fm7/Bb Ab Ab/Gb
E revelo paz

E   B
Busco cores e imagens
D   A
Faltam pássaros e flores

       D
Coração na mão
          E7sus4
Corpo solto estou
Entre estrelas
      F#7sus4 E7sus4 F#7sus4 sus4), Bb
Vou   dei - tar
E7sus4 F#7sus4 E7sus4 Bb(sus2,
nes - te lu - ar
           Ebm7/Ab   Fb7
Indo de encontro ao riso
            Ebm7/Ab
Do quarto minguante
      Fb7
E o sol queimando
    Eb7sus4
A pele branca
         Eb7(b9)   Abm
Despertando, vejo a cama e meu amor.
    Abm/Gb   Fm7/Bb Bb7(b9)
Acordado estou
Ebm Abm(2,4) Ebm Abm(2,4)
Choro,   choro,
Ebm A7
Choro...

Para repetir: D Em7sus4 F#7sus4 E7sus4
F#7sus4 E7sus4 F#7sus4 E7sus4 F#7sus4
E7sus4 F#7sus4 E7sus4 F#7sus4 E7sus4
Bb(sus2, sus4), Bb

Para finalizar: D Em7sus4 F#7sus4 E7sus4
F#7sus4 E7sus4 F#7sus4 E7sus4 F#7sus4
E7sus4 F#7sus4 E7sus4 F#7sus4 E7sus4
Ebm7/Ab

O Que é, o que é ?

Gonzaga Júnior

Am7
Dm
Dm7M
Dm7
Bm7(♭5)
E7
Bm7(♭5)
E7
Am
E7
Am
Am7M
Am7
Dm
Dm7M
Dm7
Bm7(♭5)
E7
Bm7(♭5)
E7
Am
A♭G7
C
Bm7(♭5)
E
B♭6
A7
Dm
Bm7(♭5)
Am
Am/G
F7

E7
Dm E7
Am
E7
B♭6 A7
Dm Bm7(♭5)
Am Am/G
F7
E7
Bm7(♭5) E7
Am
A♭G7
C
Bm7(♭5) E7
Am
B7
E7
Bm7(♭5) E7
Am
A♭ G7

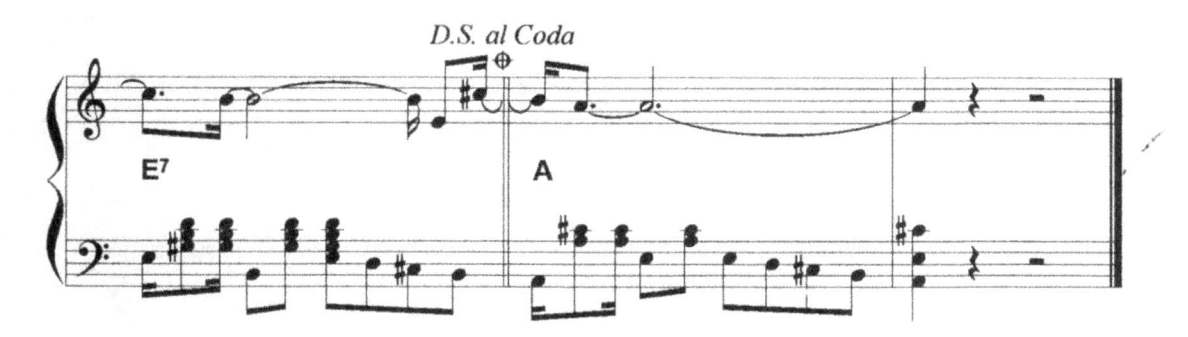

Tom: Lá Maior

```
      Dm7          E7      Am
Eu fico com a pureza da resposta das crianças
     F7               E7
É a vida, é bonita e é bonita.
     A         F#7/A#   Bm   E7
Viver, e não ter a vergonha de ser feliz
     Bm     E7     Bm
Cantar e cantar e cantar
         E7               A
A beleza de ser um eterno aprendiz
   E7           A
Ah, meu Deus, eu sei, eu sei
Em7       A7          D
Que a vida devia ser bem melhor e será
         Dm            A/C#
Mas isso não impede que eu repita
F#7    Bm     E7     A   E7
É bonita, é bonita e é bonita.
    Am   Am(maj7)
E a vida?
Am7           Dm        Dm(maj7)
  E a vida, o que é? Diga lá meu irmão
Dm7        Bm7(b5)    E7
  Ela é a batida de um coração?
Bm7(b5)    E7     Am     E7
  Ela é uma doce ilusão? Ê ô
       Am    Am(maj7)
Mas, e a vida?
Am7           Dm        Dm(maj7)
  Ela é maravilha ou é sofrimento?
Dm7        Bm7(b5)   E7
  Ela é alegria ou lamento?
Bm7(b5)    E7     Am
  O que é, o que é, meu irmão?
     Ab    G7
Há quem fale que a vida da gente
            C
É um nada no mundo
      Bm7(b5)       E7
É uma gota no tempo
          Bb6      A7
Que não dá um segundo
   Dm      Bm7(b5)     Am        Am/G
Há quem fale que é um divino mistério profundo
```

```
         F7                      E7
É o sopro do Criador numa atitude repleta de amor
         Dm                E7
Você diz que é luta e prazer
            Am
Ele diz que a vida é viver
            E7
Ela diz que o melhor é morrer
                Bb6              A7
Pois amada não é, e o verbo é sofrer
         Dm           Bm7(b5)
Eu só sei que confio na moça
            Am              Am/G
E na moça eu ponho a força da fé
         F7
Somos nós que fazemos a vida
         E7
Como der, ou puder ou quiser
Bm7(b5)  E7    Am   Ab  G7       C   A7/C#
Sem - pre de - se – ja - da, por mais que esteja errada
Bm7(b5)  E7    Am    B7         E7
Ninguém quer a morte, só saúde e sorte
Bm7(b5)  E7    Am  Ab  G7        C   A7/C#
E  a  pergunta roda,  e  a cabeça agita
      Dm7          E7      Am
Eu fico com a pureza da resposta das crianças
     F7               E7
É a vida, é bonita e é bonita.
     A         F#7/A#   Bm   E7
Viver, e não ter a vergonha de ser feliz
     Bm     E7     Bm
Cantar e cantar e cantar
         E7               A
A beleza de ser um eterno aprendiz
   E7           A
Ah, meu Deus, eu sei, eu sei
Em7       A7          D
Que a vida devia ser bem melhor e será
         Dm            A/C#
Mas isso não impede que eu repita
F#7    Bm     E7     A   E7
É bonita, é bonita e é bonita.
```

O que tinha de ser

Antonio Carlos Jobim e Vinícius de Moraes

Tom: Cm

Cm7
       Porque foste na vida
Bº
       A última esperança
Bbm6   C7(b9)/F   Fm7
       Encontrar-te me fez crian   -   ça
Bb7sus4   Bº
       Porque já eras meu
     Cm7   Bbm7(add4)   Eb7
       Sem eu saber sequer
Ab7M   Fm7
       Porque és o meu homem
  D7(13) D7(b13)   G7sus4 G7(b9)
       E eu   tua   mulher.

Cm7
       Porque tu me chegaste
Bº
       Sem me dizer que vinhas
Bbm6   C7sus4 C7   Dbº/F   Fm
       E tuas mãos foram minhas   com cal -   ma
F#º
       Porque foste em minh'alma
Cm/G   Absus2
       Como um amanhecer
Fm7(9)   Gm7   Ab7M Bb7(9) C
       Porque foste o que tinha de ser.

O tempo não pára

Cazuza e Arnaldo Brandão

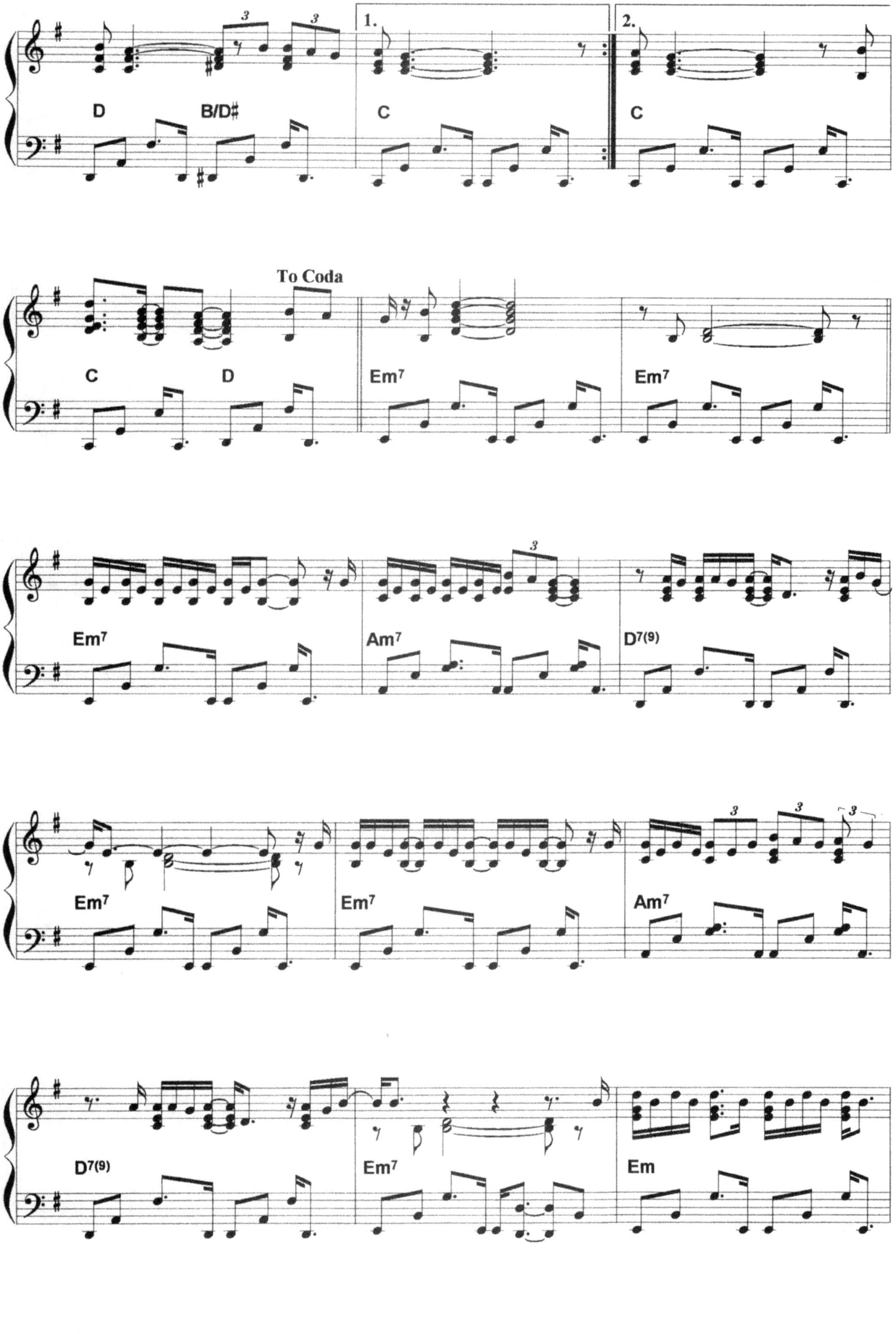
1.
2.
D
B/D♯
C
C
To Coda
C
D
Em7
Em7
Em7
Am7
D7(9)
Em7
Em7
Am7
D7(9)
Em7
Em

D.S. al Coda
Am7
D7
Em7
Coda
G
Am7
D
B/D#
C
Em
Am7
D
B/D#
C
Em7
Em7
Em7
Em7
Em

Tom: Em
Introdução: Em7

    Em7
Disparo contra o sol

    Sou forte, sou por acaso
Am7   D7(9)
Minha metralhadora cheia de mágoas
    Em7
Eu sou um cara
    Em7
Cansado de correr na direção contrária
Am7
    Sem pódium de chegada
           D7(9)
    Ou beijo de namorada
       Em7
Eu sou mais um cara
    Em7
Mas se você achar que eu estou derrotado
Am7
    Saiba que ainda estão rolando os dados
D7(9)   Em
Porque o tempo, o tempo não pára.
Em7
    Dias sim, dias não
     Am7
Eu vou sobrevivendo sem um arranhão
D7(9)   Em7
Da caridade de quem me detesta
G   Am7
A tua piscina está cheia de ratos
                   D   B/D#
Suas idéias não correspondem aos fatos
       C
O tempo não pára
G   Am7
Eu vejo o futuro repetir o passado
                  D   B/D#
Eu vejo um museu de grandes novidades
       C   D   Em7
O tempo não pára, não pára não, não pára

    Em7
Eu não tenho data pra comemorar
     Am7
As vezes os meus dias são de par em par
D7(9)   Em7
Procurando agulhas no palheiro

      Em7
Nas noites de frio é melhor nem nascer
    Am7
Nas de calor, se escolhe:

      É matar ou morrer.
D7(9)   Em7
E assim nos tornamos brasileiros
    Em7
Te chamam de ladrão, de bicha, maconheiro
Am7   D7
Transformam um país inteiro num puteiro
                   Em7
Pois assim se ganha mais dinheiro
G   Am7
A tua piscina está cheia de ratos
                   D
Suas idéias não correspondem aos fatos
      C
O tempo não pára
G   Am
Eu vejo um futuro repetir o passado
                  D   B/D#
Eu vejo um museu de grandes novidades
      C   D   Em7
O tempo não pára, não pára não, não pára.

(G Am7 D B/D# C Em Am7 D B/D# C)

    Em7
Dias sim, dias não
     Am7
Eu vou sobrevivendo sem um arranhão
D7(9)   Em7
Da caridade de quem me detesta
G   Am7
A tua piscina está cheia de ratos
                  D7(9)
Suas idéias não correspondem aos fatos
     B/D#   C
Não,   o tempo não pára
G   Am7
Eu vejo o futuro repetir o passado
                  D   B/D#
Eu vejo um museu de grandes novidades
      C   Am   D   Em7
O tempo não pára, não pára não, não pára.
Em

Oba-la-lá

João Gilberto

Tom: *Bm / Dm*
Introdução: *Em7 A7 Em7 A7*

```
                    Em7
                     É, amor,
A7(9)  F#7/A#   Bm7        G#º Fº
                     O       oba-la-lá
            Em7         A7         D   Fº  Em7  B7
                     Oba-la-lá   numa canção
            Em7
                     Quem ouvir
A7(9)  F#7/A#   Bm7        G#º Fº
                     O       oba-la-lá
            Em7       A7       Am7 D7
                     Terá feliz   o coração
                          Gm7    C7
                     O amor encontrará
                              F         G#º
                     Ouvindo esta canção
                              Gm7    C7
                     Alguém compreenderá
                              F#m7   B7(#4, b9)
                     Seu coração.
            Em7
                     Vem ouvir
A7(9)  F#7/A#   Bm7        G#º Fº
                     O       oba-la-lá
            Em7       A7
                     Oba-la-lá
                          D6 D6(9)   D7M(6,9)
                     Esta canção.
```

Ontem ao luar

Catulo da Paixão Cearense e
José Pedro de Acântara

D7/A D7 G7 C C/B♭ F/A
C/G G7
1.
C
2.
C
C C/B♭
D7/A D7 G G7 C
1.
C C/E
G7/D G7 G7/D G7 C
2.
F F♯°
C/G Dm7 G7
D.S. al Coda
C
Coda
Cm

Tom: Cm
Introdução: Ab A° Eb/Bb Bb7 Eb Ab G

```
Cm       Cm/Bb           D7/A   D7/Ab
```
Ontem ao luar, nós dois em plena solidão
```
G7       G7/B           Cm
```
Tu me perguntaste o que era a dor de uma paixão
```
C      C/Bb  Fm/Ab
```
Nada respondi, calmo assim fiquei
```
D7/A                    G7
```
Mas fitando o azul do azul do céu, a lua azul
```
         Cm       Cm/Bb        D7/A
```
Eu te mostrei, mostrando a ti os olhos meus
```
         D7/Ab  G7   G7/B       Cm
```
Correr sem ti uma nívea lágrima e assim te respondi
```
C        C/Bb   Fm/Ab          Cm/G
```
Fiquei a sorrir por ter o prazer de ver a lágrima
```
      G7       Cm
```
Dos olhos a sofrer
```
C        C/Bb    D7/A          D7
```
A dor da paixão, não tem explicação
```
G7              C
```
Como definir o que só sei sentir
```
C/Bb          F/A
```
É mister sofrer, para se saber
```
         C/G      G7          C
```
O que no peito o coração não quer dizer
```
C        C/Bb   D7/A          D7
```
Pergunta ao luar, travesso e tão taful
```
G7              C
```
De noite a chorar na onda toda azul
```
C/Bb          F/A
```
Pergunta ao luar, do mar a canção
```
         C/G      G7          C
```
Qual o mistério que há na dor de uma paixão
```
         C    C/Bb       D7/A    D7
```
Se tu desejas saber o que é o amor e sentir
```
         G    G7         C
```
O seu calor, o amaríssimo travor do seu dulçor
```
 C      C/E      G7/D   G7
```
Sobe o monte à beira mar, ao luar
```
G7/D   G7              C
```
Ouve a onda sobre a areia lacrimar
```
         C    C/Bb    D7/A    D7        G
```
Ouve o silêncio a falar na solidão do calado coração
```
     G7       C
```
A pena a derramar os prantos seus
```
F     F#°     G/C              Dm7
```
Ouve o choro perenal, a dor silente universal
```
         G7          C
```
E a dor maior que é a dor de Deus
```
Cm       Cm/Bb    D7/A        D7/Ab
```
Sinto carismais saber a fonte dos meus ais
```
G7       G7/B           Cm
```
Põe o ouvido aqui, na rósea flor do coração
```
C              C/Bb  Fm/Ab
```
Ouve a inquietação da merencórea pulsação
```
D7/A           G7
```
Busca saber qual a razão
```
               Cm      Cm/Bb
```
Porque ele vive assim tão triste a suspirar,
```
      D7/A       D7/Ab
```
A palpitar... Desesperação
```
G7       G7/B           Cm
```
A teimar de amar um insensível coração
```
C/Bb                  Fm/Ab
```
Que a ninguém dirá no peito ingrato em que ele está
```
         Cm/G     G7       Cm
```
Mas que ao sepulcro fatalmente o levará.

Ouro de Tolo

Raul Seixas

G6
2.
G G7M/D
G7
C C/G
C6 C6/G
C7M
Bm Bm/F♯
Bm
C C/G
C
A7
To Coda
D7
G
D.S. al Coda
F D7
Coda

Tom: G
Intro: G; G7M/D / G; G7M/D / F; F7M D7sus4; D7

```
     G        G7M/D
Eu devia estar contente
                    G6
Porque eu tenho um emprego
     G7M/D         G
Sou um dito cidadão responsável
        G7M/D
E ganho quatro mil cruzeiros
 Am       Am6/E
Por mês
    Am7         Am6/E
Eu devia agradecer ao Senhor
         D7(9)          D7/A
Por ter tido sucesso na vida como artista
         D7sus4
Eu devia estar feliz
              D7/A      G; G7M/D  G6
Porque consegui comprar um Corcel 73.


      G      G7M/D
Eu devia estar alegre e satisfeito
              G6
Por morar em Ipanema
      G7M/D               G
Depois de ter passado fome por dois anos
         G7M /D   Am; Am6/E
Aqui na Cidade Maravilhosa

         Am              Am6/E
Ah! Eu devia estar sorrindo e orgulhoso
         D7sus4        D7/A
Por ter finalmente vencido na vida
                 D7(9)
Mas eu acho isso uma grande piada
         D7/A       G; G7M/D / G7
E um tanto quanto perigosa.


      C        C/G
Eu devia estar contente
                C6
Por ter conseguido tudo o que eu quis
 C6/G          C7M
Mas confesso abestalhado
              Bm7;Bm/F# / Bm
Que eu estou decepcionado
      C       C/G
Porque foi tão fácil conseguir
       C       C/G
E agora eu me pergunto, e daí?
               A7
Eu tenho uma porção de coisas grandes
```

```
          D7            G    / F; D7
Pra conquistar, e eu não posso ficar aí parado
      G        G7M/D
Eu devia estar feliz pelo Senhor
           G6       G7M/D
Ter me concedido o domingo
                       G        G7M/D
Pra ir com a família no Jardim Zoológico
                Am; Am6
Dar pipoca aos macacos
   Am7         Am6/E
Ah! Mas que sujeito chato sou eu
             D7(9)
Que não acha nada engraçado
    D7/A           D7sus4
Macaco praia, carro, jornal, tobogã
    D7/A              G; G7M/D  G6
Eu acho tudo isso um saco.


          G
É você olhar no espelho
 G7M/D                G6
Se sentir um grandessíssimo idiota
    G7M/D                 G
Saber que é humano, ridículo, limitado
   G7M/D
Que só usa dez por cento de sua
    Am   Am6/E / Am
Cabeça animal.
                         D7sus4
D7/A
E você ainda acredita que é um doutor, padre ou policial
            D7(9)       D7/A
Que está contribuindo com sua parte
         G       G7M/D / G7; G7(13)
Para nosso belo quadro social

       C         C/G
Eu que não me sento
              C6
No trono de um apartamento
 C6/G              C7M     C7M/G
Com a boca escancarada cheia de dentes
                 Bm7    Bm/F# / Bm
Bis: Esperando a morte chegar
       C         C/G               C6
C6/G
     Porque longe das cercas embandeiradas que separam quintais
              A7
No culme calmo do meu olho que vê
    D7                       G
Assenta a sombra sonora de um disco voador.
```

Partido alto

Chico Buarque de Hollanda

```
TOM - MI MAIOR - E B E
INTRODUÇÃO - E B7 E
```

E   E/D   A/C#
Diz que Deus diz que deu diz que Deus dará
Am/C E/B E/D
Não vou duvidar ô nega
   A/C# G#7
E se Deus não dá
     A Am/C
Como é que vai ficar ô nega
      E/B E/D
Diz que Deus diz que dá
   A/C# G#7
E se Deus negar ô nega
    A Am/C
Eu vou me indignar e chega
   E/B
Deus dará Deus dará
E
Diz que Deus diz que deu diz que Deus dará
Am/C E/B E/D
Não vou duvidar ô nega
   A/C# G#7
E se Deus não dá
     A Am/C
Como é que vai ficar ô nega
      E/B E/D
Diz que Deus diz que dá
   A/C# G#7
E se Deus negar ô nega
    A Am/C
Eu vou me indignar e chega
   E/B
Deus dará Deus dará
E
Deus é um cara gozador adora brincadeira
    E/D   A/C#
Pois pra me jogar no mundo tinha o mundo inteiro
    A#dim E/B
Mas achou muito engraçado me botar cabreiro
 C#7 F#7 B7 E
Na barriga da miséria eu nasci brasileiro
    E/D
Eu sou do Rio de Janeiro
   A/C# Am/C
Diz que Deus dará
   E/B E/D
Não vou duvidar ô nega
   A/C# G#7
E se Deus não dá
     A Am/C
Como é que vai ficar ô nega
      E/B E/D
Diz que Deus diz que dá
   A/C# G#7
E se Deus negar ô nega
    A Am/C
Eu vou me indignar e chega
   E/B
Deus dará Deus dará
E
Jesus Cristo inda me paga um dia me explica
    E/D   A/C#
Como é que pôs no mundo esta pouca titica
     A#dim E/B
Vou correr o mundo afora dar uma canjica
 C#7   F#7
Que é pra ver se alguém se embala
  B7 E
Ao ronco da cuíca
     E/D
E aquele abraço pra quem fica
   A/C# Am/C
Diz que Deus dará
   E/B E/D
Não vou duvidar ô nega
   A/C# G#7
E se Deus não dá
     A Am/C
Como é que vai ficar ô nega

      E/B E/D
Diz que Deus diz que dá
   A/C#
E se Deus negar ô nega
    A Am/C
Eu vou me indignar e chega
   E/B
Deus dará Deus dará
E
Deus me fez um cara fraco desdentado e feio
    E/D   A/C#
Pele e osso simplesmente quase sem recheio
     A#dim E/B
Mas se alguém me desafia e bota a mãe no meio
 C#7 F#7
Dou pernada a três por quatro
  B7 E
E nem me despenteio
    E/D
Que eu já tô de saco cheio
   A/C# Am/C
Diz que Deus dará
   E/B E/D
Não vou duvidar ô nega
   A/C# G#7
E se Deus não dá
     A Am/C
Como é que vai ficar ô nega
      E/B E/D
Diz que Deus diz que dá
   A/C# G#7
E se Deus negar ô nega
    A Am/C
Eu vou me indignar e chega
   E/B
Deus dará Deus dará
E
Deus me deu mão de veludo pra fazer carícia
    E/D   A/C#
Deus me deu muitas saudades e muita preguiça
     A#dim E/B
Deus me deu perna comprida e muita malícia
 C#7 F#7 B7 E
Pra correr atrás de bola e fugir da polícia
    E/D
Um dia ainda sou notícia
   A/C# Am/C
Diz que Deus dará
   E/B E/D
Não vou duvidar ô nega
   A/C# G#7
E se Deus não dá
     A Am/C
Como é que vai ficar ô nega
      E/B E/D
Diz que Deus diz que dá
   A/C# G#7
E se Deus negar ô nega
    A Am/C
Eu vou me indignar e chega
   E/B
Deus dará Deus dará
    E/D
Diz que Deus diz que deu
   A/C# Am/C
Diz que Deus dará
   E/B E/D
Não vou duvidar ô nega
   A/C# G#7
E se Deus não dá
     A Am/C
Como é que vai ficar ô nega
      E/B E/D
Diz que Deus diz que dá
   A/C# G#7
E se Deus negar ô nega
    A Am/C
Eu vou me indignar e chega
   E/B
Deus dará Deus dará
    E/D
Diz que Deus diz que deu...

Pau de arara

Guio de Morais e
Luiz Gonzaga

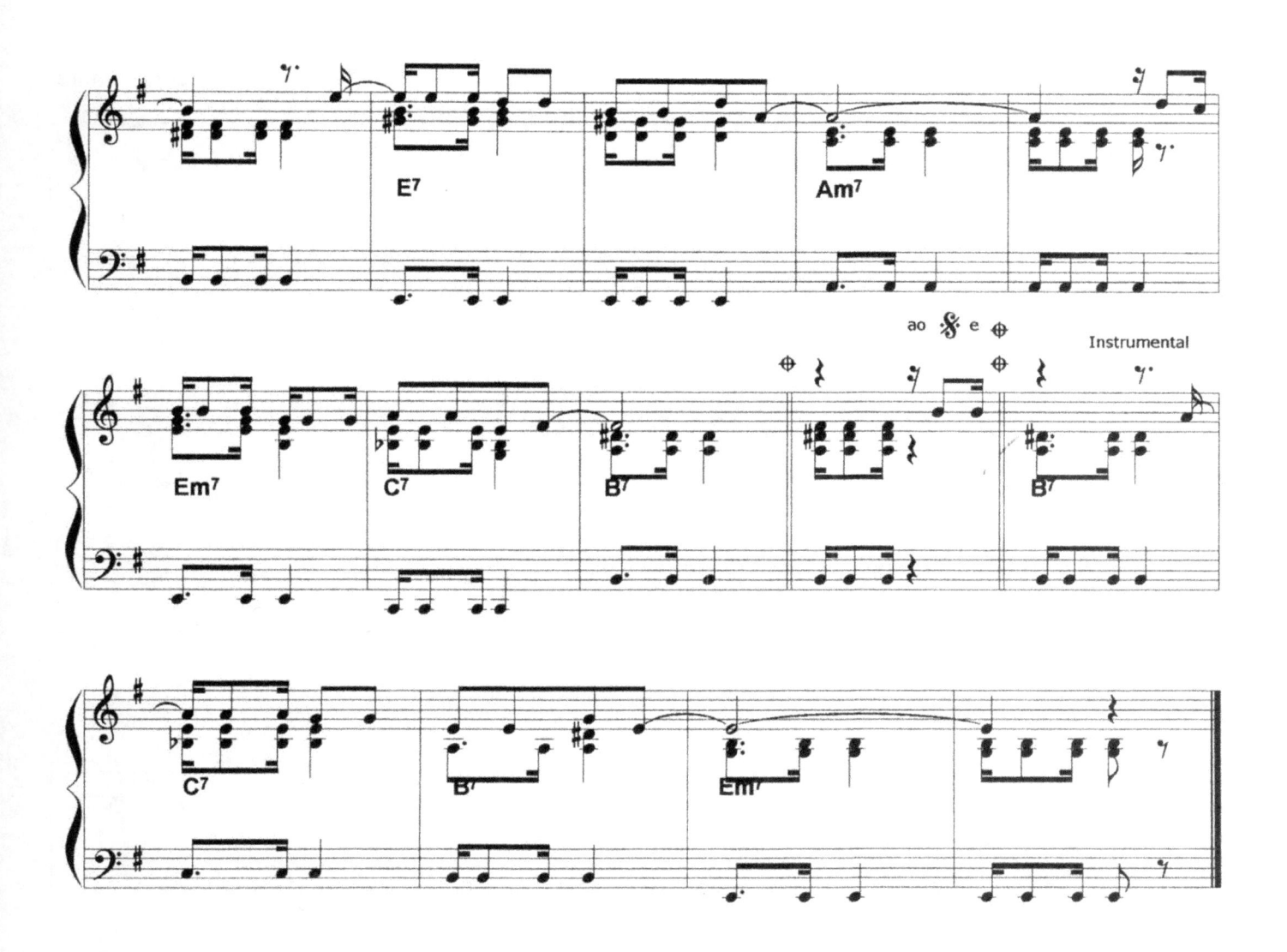

TOM – MI MENOR – Em B Em
INTRODUÇÃO – C7 B7

Em7
Quando eu vim do sertão

Seu moço do meu bodocó
        Am7
A malota era um saco

E o cadeado era um nó.
   Am7   B7
Só trazia a coragem e a cara
   Em7
Viajando num pau de arara
   C7 B7
Eu penei
        Em7
Mas aqui cheguei.

D7
Trouxe um triângulo

No matulão
G
Trouxe um gonguê

No matulão
F#
Trouxe um zabumba
        B
Dentro do matulão
   E7   Am7
Xotis, maracatu, baião
   Em7
Tudo isso eu trouxe
   C7   B7 Em
No meu matulão.

Pedacinhos

Guilherme Arantes

```
TOM – RÉ MAIOR – D A7 D
INTRODUÇÃO – D Bm G7M Gm6
              A Bm7 Bb7M Eb7
```

   D7M   Bm   G7M
Pra que ficar juntando os pedacinhos
      Gm6   D/A   Bm7
Do amor que se acabou
             E7 E° E7
Nada vai colar
       Gm/A   A7
Nada vai trazer de volta
    D7M   Bm   G7M
A beleza cristalina do começo
       Gm6   D/A   Bm
E os remendos pregam mal
          E4   E
Logo vão quebrar

       Am   B   E4   E7
Afinal a gente sofre de teimoso
               Gm9   D7M/A
Quando esquece do prazer
       Bm   E   G/A
Adeus também foi feito pra se dizer
             F#m
Bye bye so long farewell
       Bm   E   G/A
Adeus também foi feito pra se dizer
             F#m
Bye bye so long farewell

            Bm   E4   E
Adeus também foi feito pra se dizer.

(G° D4   D7)

Pela rua

J. Ribamar e Dolores Duran

© Copyright 1958 by SERESTA EDIÇÕES MUSICAIS LTDA.
Todos os direitos autorais reservados para todos os países. All rights reserved.

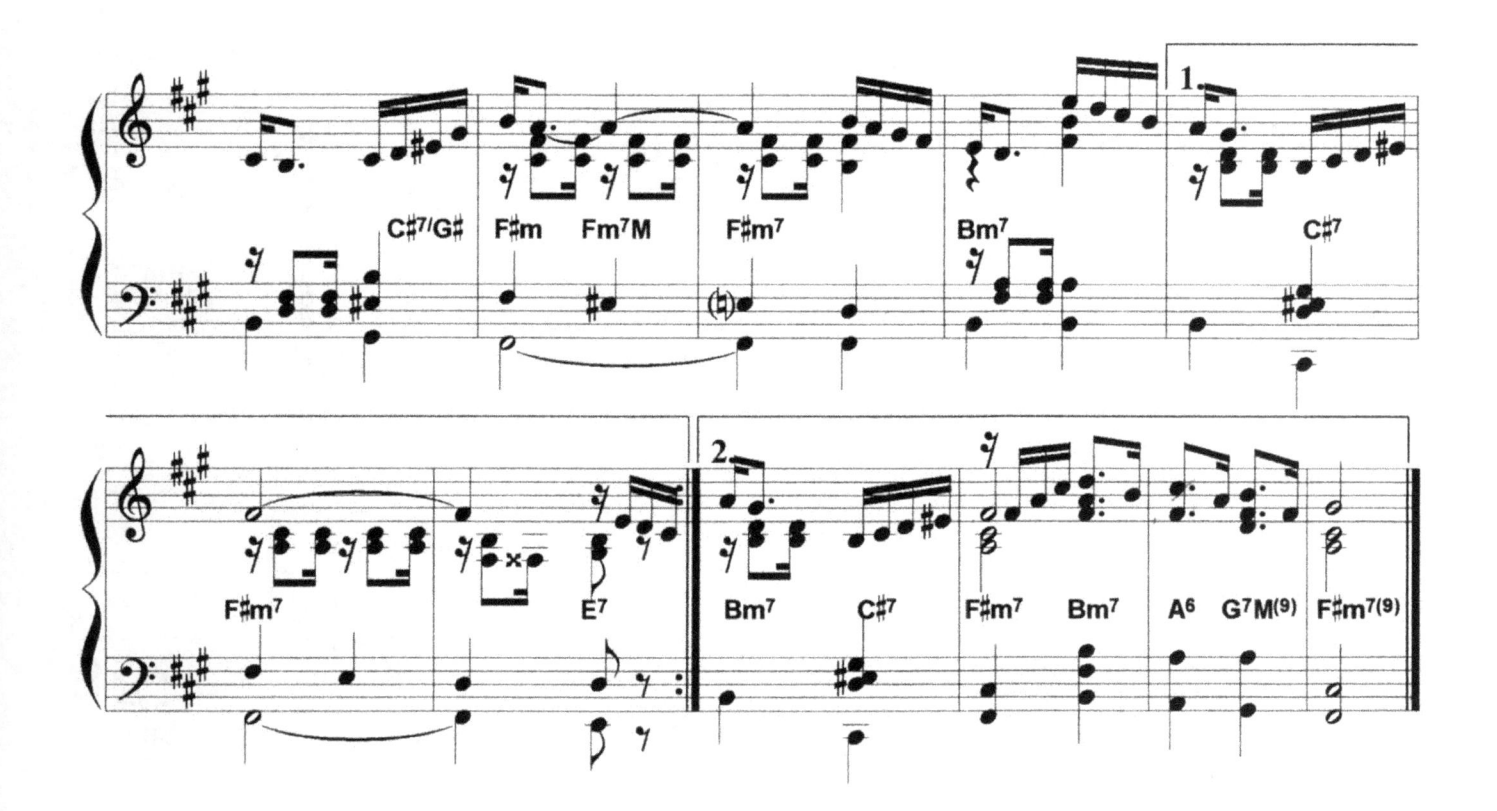

Tom: Fá sustenido menor
Introdução: F#m7 Bm7 G#m7(b5) C#7(b9)/E# G#m7(b5) C#7

```
            F#m7    Bm7     F#m7      B7   F#m7/A
No ar parado passou um lamento
            F#m7    Bm7     G6
Riscou a noite e desapareceu
            C#7/G#   C#7          F#m7
Depois a lua       ficou mais sozinha
              E7           D7          G/B
Foi ficando triste e também se escondeu.
            A6
Na minha vida
              A#º              Bm7    E7(4,9)   E7
Uma saudade meiga soluçou baixinho
            Bm7
No meu olhar
              G#m7(b5)    C#7      F#m   F#m7M   F#m7
Um mundo de tristeza       veio se aninhar
            Bm7
Minha canção ficou assim sem jeito
C#7/G#      F#m    F#m7M   F#m7
Cheia de desejos
F#m6       Bm7
E eu fui andando pela rua escura
C#7            F#m7
Pra poder chorar.
```

Pensamentos

Roberto Carlos e Erasmo Carlos

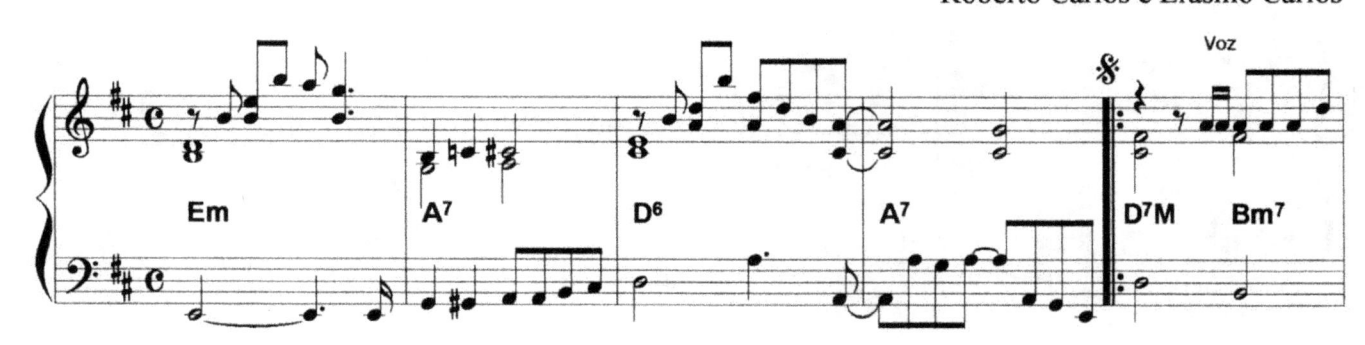

```
TOM  - RÉ MAIOR  - D  A7  D
INTRODUÇÃO  - Em  A7  D6  A7  D
```

    Bm   Em7   A7 D
Pensamentos que me afligem
    Bm   Em7   A7 D
Sentimentos que me dizem
     Bm7   Em7
Dos motivos escondidos
    A7   D Bm7 Em7 A7
Na razão de estar aqui
    Bm   Em7 A7 D
As perguntas que me faço
    Bm   Em7 A7 D
São elevadas ao espaço
    Bm7   Em7
E de lá eu tenho todas
    A7   D D7
As respostas que eu pedi.
      Em7
Quem me dera
          A7
Que as pessoas se encontrem
   F#m
Se abraçassem
            Bm
Como velhos conhecidos
      Em7
Descobrissem que se amam
    A7   D   D7
E se unissem na verdade dos amigos.
    Em7
E no topo do universo
       A7
Uma bandeira
   F#m7   Bm
Estaria no infinito iluminada
    Em7
Pela força desse amor
    A7
Luz verdadeira
         C7   A7
Dessa paz tão desejada.
    Bm   Em7 A7 D
Pensamentos que me afligem

    Bm   Em7 A7 D
Sentimentos que me dizem
     Bm7   Em7
Dos motivos escondidos
    A7   D Bm7 Em7 A7
Na razão de estar aqui
    Bm
E eu penso
            Em7 A7 D
Nas razões da existência
    Bm   Em7   A7 D
Contemplando a natureza desse mundo
    Bm
Onde às vezes
       Em7
Aparentes coincidências
    A7   D   D7
Têm motivos mais profundos.
   F#m
Se as cores
            Bm
Se misturam pelos campos
    Em7
É que flores diferentes vivem juntas
    A7
E a voz dos ventos
         C7   A7 D
Na canção de Deus
   Bm7   Em7 A7 D
Responde todas as perguntas
   Bm7   Em7 A7 D
Pensamentos que me afligem
   Bm7   Em7 A7 D
Sentimentos que me dizem
   Bm7   Em7 A7 D
Pensamentos que me afligem
   Bm7   Em7 A7 D
Sentimentos que me dizem
   Bm7   Em7 A7 D
Pensamentos que me afligem
   Bm7   Em7 A7 D
Sentimentos que me dizem.

Poder da Criação

João Nogueira e Paulo César Pinheiro

Am
Bm7(♭5)
Am/C
G/B
A♯º
G/B
F7
F♯m7(♭5)
B7
E
Em7(♭5)/A
A/G
Dm/F
Bm7(♭5)
E7
Am
Em7(♭5)
A7
A/G
Dm/F
B7
E7
Am
Dm

Tom: Am
Introdução: Am E7

Am   Bm7(b5)
Não,
Am/C
Ninguém faz samba só porque prefere
G/B   F7
Força nenhuma no mundo interfere
B7   E   Em7(b5)/A A/G
Sobre o poder da criação
Dm/F
Não,
Bm7(b5)   Am
Não precisa se estar nem feliz nem aflito
Am/G   Dm/F
Nem se refugiar em lugar mais bonito
E   Am
Em busca da inspiração.
                        E
Oh, não

Am   Bm7(b5)
Não,
Am/C
                              G/B   A#dim
Ela é uma luz que chega de repente

G/B   F7
Com a rapidez de uma estrela cadente
           F#m7(b5) B7 E Em7(b5)/A A/G
E acende a me   e o coração
Dm/F   Bm7(b5)
É, faz pensar
           E   Am
Que existe uma força maior que nos guia
Em7(b5)   A7
Que está no ar
         A/G   Dm/F
Vem no meio da noite ou no claro do dia
B7   E7 Am
Chega a nos angustiar
Dm   Bm7(b5)   E   Am
E   o poeta se deixa levar por essa magia
Am/G   Dm/F
E um verso vem vindo e vem vindo uma melodia
E   Am E
E o povo começa a cantar, la la ia...
F7   E7 Am
La, la la ia, la ia, la la ia
F7   E7 Am
La, la la ia, la ia...

Praça Onze

*Grande Otelo e
Herivelto Martins*

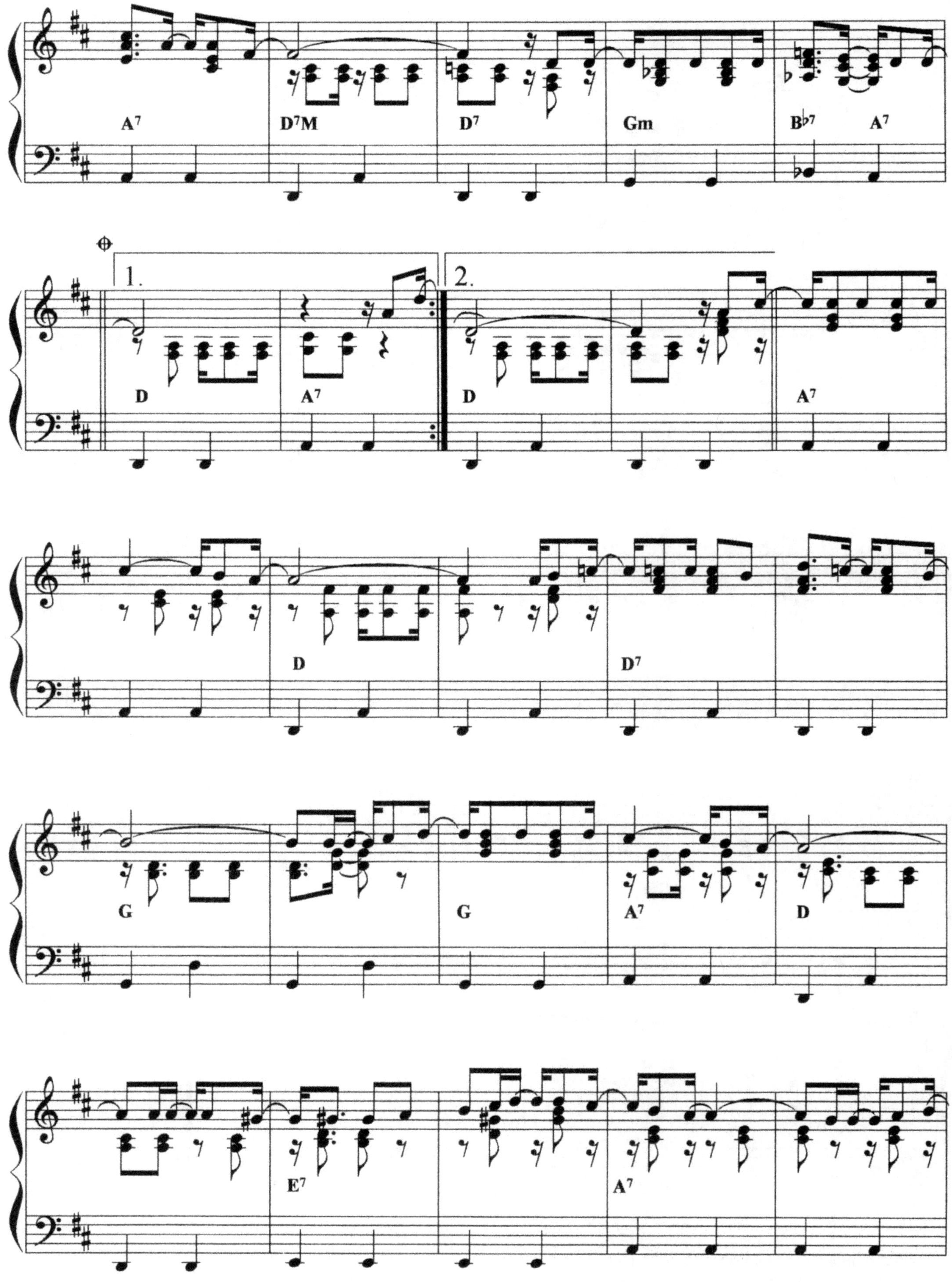
A7
D7M
D7
Gm
B♭7
A7
1.
2.
D
A7
D
A7
D
D7
G
G
A7
D
E7
A7

```
TOM – RÉ MAIOR   D A D
INTRODUÇÃO – Em7  A7
```

    D A7   D
Vão acabar com a Praça Onze
                          D7   G
Não vai haver mais escola de samba não vai
Gm   D D7 Gm   D D7
Chora o tamborim,   chora o morro inteiro
  Gm   D   Gm   D
Favela, Salgueiro, Mangueira, Estação Primeira.

                  A7   D
     Guardai vossos pandeiros, guardai
Bis   Gm   Bb7 A7   D
     Porque a escola de samba não sai.

  A7   D
Adeus minha Praça Onze, adeus
  D7   G
Já sabemos que vai desaparecer
                  A7   D
Leva contigo a nossa recordação
  E7   A7
Mas ficarás eternamente em nosso coração
   G   Gm   D
E algum dia nova praça nós teremos
  E7 A7 D
E o teu passado cantaremos.

Por causa desta caboca

Ary Barroso e Luiz Peixoto

E♭6
E°
Fm7
F♯°
E♭6/G
C7
Fm7
B♭7
C7
Fm7
F♯°
E♭/G
C7
Fm7
F7
B♭7
E♭
A♭m7
E♭
A♭
C/G
Fm7
Fm/E♭
D♭6
F7
B♭m
B♭m7M
B♭m7
B♭m/A♭
Gm7(♭5)

C7
Fm7
B♭7
E♭
E♭7M/B♭
E♭7
A♭
C/G
Fm7
Fm/E♭
D♭6
E♭
E♭m
A♭7
D♭
D♭m
A♭
A♭/G
F7
B♭7
E♭7
A♭
B♭7(13)
E♭
A♭m7
E♭

Tom: Eb
Introdução: Db Dbm Ab Ab/G F7 Bb7 Eb7 Ab Bb7(13)Eb6

É tarde
      E°   Fm7
Quando de volta da serra
     F#°   Eb/G
Com os pés sujinhos de terra
     C7   Fm7 Bb7 B°
Vem a cabocla passar
   Cm7   Gm/Bb   Ab6
As flores vão pra beira do caminho
  Eb/G   Fm7
Pra ver aquele jeitinho
     Cm7   F7   Fm7/Bb Bb7
Que ela tem de caminhar.
Eb6   E°   Fm7
E quando ela na rede adormece
   F#°   Eb/G
E o seio moreno esquece
   C7   Fm7 Bb7 C7
De na camisa ocultar
  Fm7
As rolas
     F#°   Eb/G
As rolas também morenas
C7   Fm7
Cobrem-lhe o colo de penas
 F7   Bb7   Eb Abm6(7) Eb
Pra ela se agasalhar. *(fim)*

  Ab   C/G   Fm7
Na noite dos seus cabelos, os grampos
   Fm/Eb   Db6
São feitos de pirilampos
    F7   Bbm Bbm7M Bbm7 Bbm/Ab
Que as estrelas querem chegar
   Gm7(b5) C7   Fm7
E as águas dos rios que vão passando
         Bb7
Fitam seus olhos pensando
Bb7   Eb Eb7M/Bb Eb7
Que já chegaram ao mar.
   Ab   C/G   Fm7
Com ela dorme toda a natureza
  Fm/Eb   Db6
Emudece a correnteza
   Eb   Ebm Ab7
Fica o céu todo apagado
 Db
Somente
    Dbm   Ab Ab/G
Com o nome dela na boca
F7   Bb7
Pensando nesta cabocla
Eb7   Ab Bb7(13)
Fica um caboclo acordado.

D.C. ao fim

Por enquanto

Renato Russo

© Copyright 1984 by EDIÇÕES MUSICAIS TAPAJÓS LTDA.
Todos os direitos autorais reservados para todos os países. All rights reserved.

TOM: RÉ MAIOR – D – A7 – D
INTROD.: Em – A7

```
  D    A/C#   G        F#m
Mudaram as estações   e nada mudou
    G                  Em
Mas eu sei que alguma coisa aconteceu
    G           A F#7/A#  Bm
Está tudo assim tão diferente
                F#m
Se lembra quando a gente
    G           D F#7/A# Bm
Chegou um dia a acreditar
           F#m   G   D/F#
Que tudo era pra sempre sem saber
    G A Em    A7
Que o pra sempre sempre acaba
    D      A/C#    G       F#m
Mas nada vai conseguir mudar   o que ficou
```

```
         G
Quando penso em alguém
       Em
Só penso em você
       G      A  F#7/A#
E aí então estamos bem
   Bm            F#m       G
Mesmo com tantos motivos pra deixar
          D  F#7/A#
Tudo como está
     Bm           F#m
E nem desistir nem tentar
       G
Agora tanto faz
        Em    A7    D
Estamos indo de volta pra casa.
```

(*Instrumental:* G F#m B Em7 A7)

Por quem sonha Ana Maria

Juca Chaves

© Copyright 1960 by EDITORA E IMPORTADORA MUSICAL FERMATA DO BRASIL LTDA
Todos os direitos autorais reservados para todos os países. All rights reserved.

TOM – SOL MAIOR – G D G
INTRODUÇÃO –

G   D7 G
Na Alameda da Poesia chora rimas ao luar
       D7   G
Madrugada e Ana Maria sonha sonhos cor do mar
   G7   C D7 G
Por quem sonha Ana Maria nesta noite de luar
       D7   G7
Já se escuta a nostalgia de uma lira à soluçar
      D7   G
Dorme e sonha Ana Maria no seu leito de luar
   G7   C
Por quem sonha Ana Maria
    D7   G
Quem lhe está triste a cantar
      D7   G
No salão da noite fria vêem-se estrelas a cantar
       D7   G
Madrugada e Ana Maria sonha sonhos cor do mar
   G7   C
Por quem sonha Ana Maria
    D7   G
Quem lhe faz assim sonhar
      D7   G
Raia o sol e rompe o dia, desmaia ao longe o luar
      D7   G
Não abriu de Ana Maria inda a flor do seu olhar
   G7   C
Por quem sonha Ana Maria
    D7 G
Eu não sei nem o luar.

Porta Estandarte

Geraldo Vandré e Fernando Lona

© Copyright 1967 by EDITORA MUSICAL ARLEQUIM LTDA.
Todos os direitos autorais reservados para todos os países. All rights reserved.

TOM – LÁ MENOR - Am E7 Am
INTRODUÇÃO – Am

Am
Olha que a vida é tão linda
                G
Se perde em tristezas assim
Bº   E7
Desce teu rancho cantando
           Gm7   E7
Essa tua esperança sem fim
Am
Deixa que a tua tristeza
             G
Se faça do povo a canção
Bº   E7
Pra que teu povo cantando teu canto
         Gm7   A7
Ele não seja em vão
     Am   Bº
Eu vou levando a minha vida enfim

         G7   E7
Cantando e canto sim
            Am   Bº
E não cantava se não fosse assim
     G7   E7   A7
Levando pra quem me ouvir
       Bº   E7   Am
Certezas e esperanças pra trocar
       A7   Eº
Por dores e tristezas que nem sei
       A7   Edim7 A7 Dm
Um dia ainda vão   fin-dar
         F6   F#º   C7M/G
Am
Um dia que vem vindo e que eu vivo pra cantar
                   Bº
Na avenida girando
            E7   Am
Estandarte na mão pra anunciar.

Pra que dinheiro

Martinho da Vila

Tom: A

Dinheiro
$\quad$A$\qquad$Bm7
Pra que dinheiro
$\qquad$E7$\qquad$A
(bis) Se ela não me dá bola
$\qquad\qquad$Bm7
Em casa de batuqueiro
$\qquad\qquad$E7$\qquad$A
Só quem fala alto é viola
$\quad$A$\qquad\qquad$E
Venha depressa correndo pro samba
(bis)$\quad$E7$\qquad\qquad$A
Porque a lua já vai se mandar
A$\qquad\qquad$E
Afina logo a sua viola
$\qquad$E7$\qquad\qquad$A
E canta samba até o sol raiar.

Refrão: **Mas dinheiro... Pra que dinheiro, etc.**

$\qquad\qquad$A$\qquad\qquad$E
Aquela mina não quis me dar bola
(bis)$\qquad$E7$\qquad\qquad$A
Eu tinha tanta grana pra lhe dar
$\qquad\qquad$A$\qquad\qquad$E
Chegou um cara com uma viola
$\qquad$E7$\qquad\qquad$A
E ela logo começou bolar.

Refrão: **Mas dinheiro... Pra que dinheiro, etc.**

$\qquad\qquad$A$\qquad\qquad$E
Eu era um cara muito solitário
(bis)$\qquad$E7$\qquad\qquad$A
Não tinha mina pra me namorar
$\qquad\qquad$A$\qquad\qquad$E
Depois que eu comprei uma viola
$\qquad$E7$\qquad\qquad$A
Arranjo nega de qualquer lugar.

Refrão: **Mas dinheiro... Pra que dinheiro, etc.**

$\qquad\qquad$A$\qquad\qquad$E
Eu tinha grana, me levaram a grana
(bis)$\qquad$E7$\qquad\qquad$A
Fiquei quietinho, nem quis reclamar
$\qquad\qquad$A$\qquad\qquad$E
Mas se levarem a minha viola
$\qquad$E7$\qquad\qquad$A
Me segura pois eu vou brigar.

Refrão: **Mas dinheiro... Pra que dinheiro, etc.**

$\qquad\qquad$A$\qquad\qquad$E
Eu fui num samba na casa do Noca
(bis)$\qquad$E7$\qquad\qquad$A
Faltou viola pra me acompanhar
$\qquad\qquad$A$\qquad\qquad$E
Mas de repente chegou um cavaco
$\qquad$E7$\qquad\qquad$A
Fiquei a noite inteira a versar.

Refrão: **Mas dinheiro... Pra que dinheiro, etc.**

Preciso dizer que te amo

Dê, Bebel Gilberto e
Cazuza

TOM – LÁ MENOR – Am7 E7 Am7
INTRODUÇÃO – Am7

           Am7   Fm6
Quando a gente conversa
               E7   Am7
Contando casos, besteiras
                 Fm6
Tanta coisa em comum
             E7   Fm7
Deixando escapar segredos
     Bb7
Eu não sei em que hora dizer
    C7M   D/C   Fm7
Me dá um medo
     Bb7
É que eu preciso dizer que te amo
   C7M   D/C   Fm7
Te ganhar ou perder sem engano
      Fm7   Am7 Fm6/Ab
Eu preciso dizer que eu te amo tanto

Am7 Bm7 Am7 Fm6/Ab Am7 Bm7 Am7
                Fm6
E até o tempo passa arrastado
          E7   Am7
Só preu ficar do teu lado
                   E7/G#
Você me chora dores de outro amor

         E7
Se abre e acaba comigo
                Bb7   C7M   D/C
E nessa novela eu não quero ser seu amigo
             Bb7
É que eu preciso dizer que te amo
   C7M   D/C   Fm7
Te ganhar ou perder sem engano
             Gm7   D4 Ab C7M
Eu preciso dizer que eu te amo   tanto
               Cm7   C7M Gm7/C
Eu já nem sei se eu tô misturando
     D/C C7M
Eu perco o sono
              Cm7
Lembrando cada gesto teu
      C7M D/C
Qualquer bandeira
                 Cm7
Fechando e abrindo a geladeira
    C7M Gb11+ Fm7
A noite inteira
        Gm7   Am7
Eu preciso dizer que eu te amo
   C7M   D/C   Fm7
Te ganhar ou perder sem engano
     Gm7   Am7
Eu preciso dizer que eu te amo   tanto.

Preciso me encontrar

Candeia

Tom: Si menor
Intro. Bm F#7 Bm F#7 Bm F#7 Bm F#7

Bm   Bm/A
Deixe-me ir, preciso andar
G7M
Vou por aí a procurar
G#º F#7/A#   Bm B
Rir pra não chorar
B/D#   B7
Quero assistir ao sol nascer
Em   Em/D
Ver as águas dos rios correr
A7/C#   A7
Ouvir os pássaros cantar
D   C#m7(b5)   F#7
Eu quero nascer, quero viver
Bm   Bm/A
Deixe-me ir, preciso andar
G7M
Vou por aí a procurar
G#º F#7/A#   Bm B
Rir pra não chorar

Bm   Bm/A
Se alguém por mim perguntar
G7M
Diga que eu só vou voltar
G#º F#7/A#   Bm B
Quando eu me encontrar

Final:

C#m7(b5)   F#7   Bm
Quando eu me encontrar
C#m7(b5)   F#7   Bm
Quando eu me encontrar.

Punk da periferia

Gilberto Gil

```
TOM – LÁ MAIOR – A  E7  A
INTRODUÇÃO – F#m7  G7  G#7
```

```
A7                              D7
Das feridas que a pobreza cria sou o pus
G7                              C7
Sou o que de resto restaria aos urubus
F7
Pus por isso mesmo esse blusão carniça
E7                    A7
Fiz no rosto este make-up pó caliça
D7         E7(9#)          A7  E7(9#)
Quis trazer assim nossa desgraça à luz
A7
Sou um punk da periferia
D7              F#m
Sou da Freguesia do Ó, Ó
A7
Ó ó ó ó ó ó
   D7
Aqui pra vocês
C#7             F#m  G7  G#7
Sou da Freguesia.
A7                              D7
Ter cabelo tipo índio moicano me apraz
G7                              C7
Saber que entraremos pelo cano satisfaz
F7
Vós tereis um padre pra rezar a missa
E7              A7
Dez minutos antes de virar fumaça
D7         E7(9#)    A7  E7(9#)
Nós ocuparemos a Praça da Paz
A7
Sou um punk da periferia
D7              F#m
Sou da Freguesia do Ó, Ó
A7
Ó ó ó ó ó ó
   D7
Aqui pra vocês
C#7             F#m  G7  G#7
Sou da Freguesia.
A7                              D7
Transo lixo, curto porcaria, tenho dó
G7                              C7
Da esperança vã da minha tia, da vovó
F7
Esgotados os poderes da ciência
E7              A7
Esgotada toda a nossa paciência
D7         E7(9#)    A7  E7(9#)
Eis que esta cidade é um esgoto só
A7
Sou um punk da periferia
D7              F#m
Sou da Freguesia do Ó, Ó
A7
Ó ó ó ó ó ó
   D7
Aqui pra vocês
C#7             F#m  G7  G#7
Sou da Freguesia.
```

Rainha Porta-Bandeira

Edu Lobo e Rui Guerra

TOM – Si Bemol Maior

Bb
Olha
                    Am7   D7
Nosso rancho vai passar
    Gm
Devagar
        Cm7   F7
Sem ter samba sem ter nada.
Bb
Sabe
               Am7   D7
Sem você o carnaval
    Gm7   Em7
Não é mais, só faz mal
   A7   Dm
Não é meu nem da alegria
   G7   Cm
Não é mais como eu queria
   A7
É um rancho sem rainha

Sem rainha.
                       Dm
Nosso rancho vai passar
   A7
Devagar
               E7/G#
Vem sem teu aviso
                  Eb7/G
Sem teu modo tão preciso
                F7
Da maneira mais calada
              Bb
Sem bandeira sem ter nada
     G7   Cm7
Ah, se eu ainda pudesse
   F7   Bb
Se uma vez mais acontece
            Em7
Teu sorriso aparecer
  A7   Dm7
Mas a festa está perdida
  G7   Cm7
Na alegria da avenida
  F7   Bb
Nós não temos mais lugar.

Resposta ao Tempo

Aldir Blanc e Cristóvão Bastos

C7sus4 C7
F♯m7/B
B7(♭9)
E7M
E/D♯
E/C♯
E/B
B♭m7(♭5)
E♭7
A♭7M
G7(4, ♭9) G7(♭9)
C6
Am7
C6
E7
Am7
F7M
Dm7 G7
Em7(♭5)
A7(♭9)
Dm7
G7
C7
C7sus4 C7
F6
E7
Am7

D.S. al Cod
D7(13) C7M(9)/E E♭o Dm7 G7 C6 Am7(9)
F6 E7 Am7 D7(13) C7M(9)/E E♭o Dm7 G7
C6 Am7 C6
Am7 C6
Am7 C6 Am7 C6

Tom: C
Introdução: C C6 Am7 C6 Am7

```
       C6                          Am7
          Batidas na porta da frente, é o tempo.
       C6                                 Am7
          Eu bebo um pouquinho pra ter argumento,
              F7M           G/F
          Mas fico sem jeito, calado,    ele ri,
       Em7              A7(b9)
          Ele zomba do quanto eu chorei
       Dm7          G7  Bb7(9) A7(9) D7(9, 13) G7(#9, b13)
          Porque sabe passar,    e eu não sei.
       C6                        Am7
          Num dia azul de verão, sinto o vento,
       C6                            Am7
          Há folhas no meu coração, é o tempo.
            F7M              G/F
          Recordo o amor que perdi,    ele ri,
       Em7              A7(b9)
          Diz que somos iguais,     se eu notei,
       Dm7           G7        C7        C7sus4  C7
          Pois não sabe ficar,    e eu também não sei.
       F#m7/B         B7(b9)
          E gira em volta de mim,
         E7M              E/D# E/C# E/B
          Sussurra que apaga os caminhos,
             Bbm7(b5) Eb7 Ab7M    G7(4, b9, b13) G7(b9, b13)
          Que amores terminam no escuro, sozinhos...
       C6                        Am7
          Respondo que ele aprisiona, eu liberto,
       C6                          E7      Am7
          Que ele adormece as paixões,    eu desperto.
           F7M             Dm7  G/F
          E o tempo se roi com inve  -  ja de mim,
       Em7(b5)           A7(b9)
          Me vigia queren   -  do aprender
       Dm7                G7
          Como eu morro de amor
           C7          C7sus4 C7
          Pra tentar reviver.
           F6                  E7
          No fundo é uma eterna criança
            Am7             D7(13)
          Que não soube amadurecer.
           C7M(9)/E     Eb°         D7 G7         C6  (Am7)
          Eu posso,    ele não vai poder,    me esquecer
            Am7
          No fundo é uma eterna criança
             C6
          Que não soube amadurecer,
           Am7                             C6
          Eu posso,      ele não vai poder,     me esquecer.
```

Rio

Ary Barroso

Animado ♩ = 100

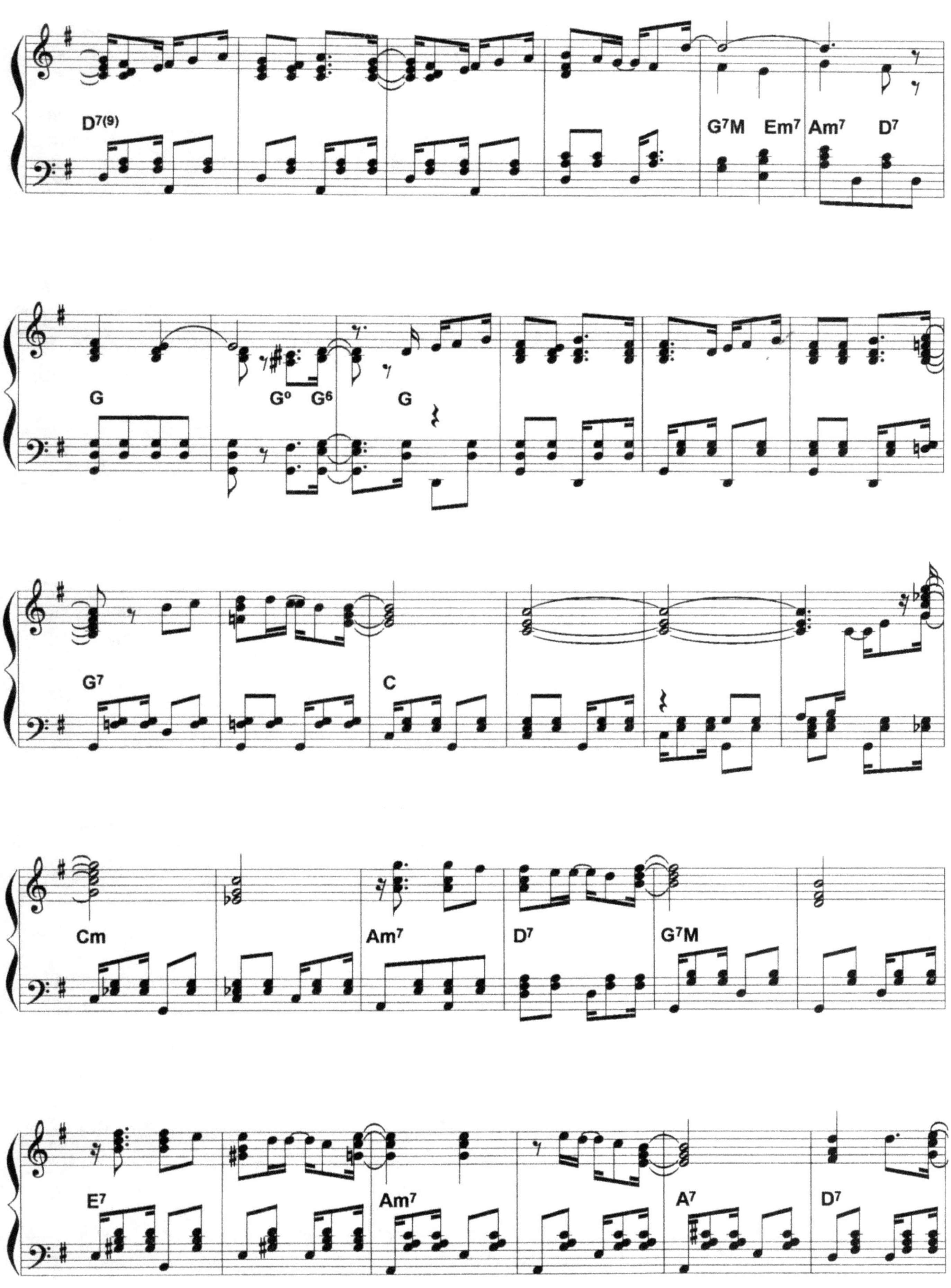
D7(9)
G7M
Em7
Am7
D7
G
G°
G6
G
G7
C
Cm
Am7
D7
G7M
E7
Am7
A7
D7

222

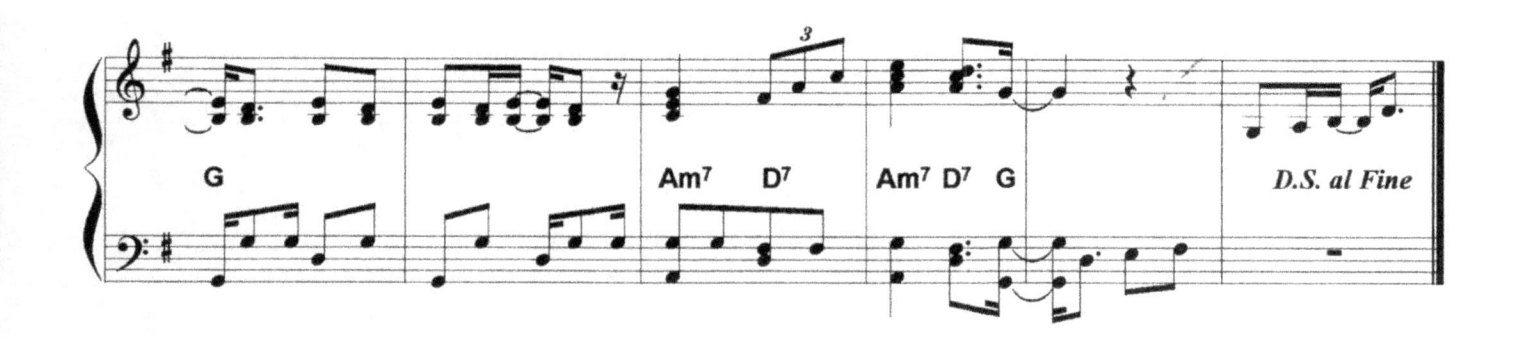

Tom: G
Introdução: G G6 Gm6 G Am7 D7(13) G Gm6 G Am7 D7(13)

G G° G6
Rio
G
Ruído de rodas rangendo

Barulho de gente correndo
                      Am Am#5 Am6
Am#5
Que vai pro trabalho e é feliz.
Am Am6 Am#5 Am
Rio
           D7(9)
Batida de bombo e pandeiro

Batuque do bom no terreiro
            G7M Em7 Am7
D7
Cabrocha gingando os seus quadris
G G° G6
Rio
G
Que conta anedota no bar
           G7
Que vai pro estádios gritar
           C
E canta samba de improviso.
Cm Am7
Rio
    D7   G   E7
Copacabana feiticeira
           Am
Jóia da terra brasileira

  A7 D7 Am7
Pedaço do paraíso
  D7   Am7
Bate o tamborim, ô ô
      D7
Oi, bate o comelê, ê ê
G   G/B Eb/Bb Eb6/Bb Eb7/Bb
Rio de Janei - ro.
Am7 D7 D7(13) D7 G
Ri - o,   Rio

Intrumental: Bb C/Bb
Eb   Eb#5   Fm
Céu azul,   Verdes montanhas
  Bb7 Bb7(#5) Eb Db6 C7
Um mar de águas   verdes
Db6 C7   Fm   F#°
Pra - ias inundadas de sol
    Bb7
Pra laiá (laiá)
    Eb
Para loiô (loiô)
    Bb7
Pra Sinhá (Sinhá)

E pra Sinhô
  C7   Fm   F7   Bb7
Terra de amor, de luz, de vida e resplendor,
    Bb7(#5)
Rio de Janeiro...

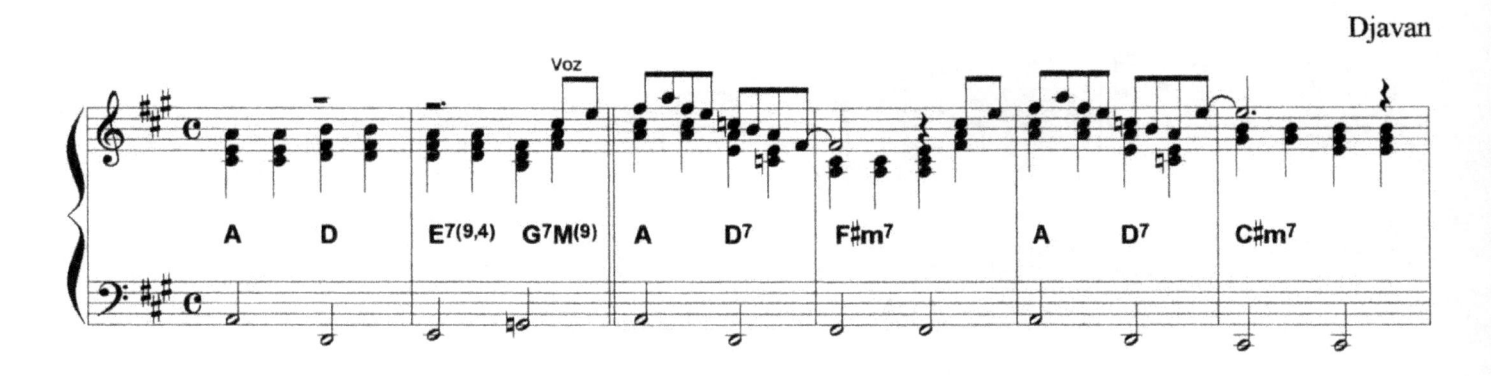

Se...

Djavan

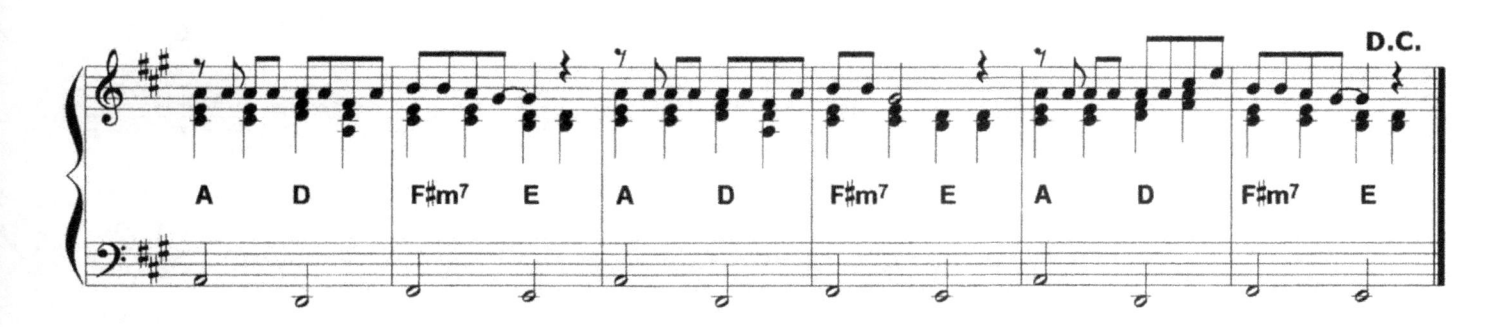

TOM – LÁ MAIOR – A E A
INTRODUÇÃO – A D E4 G7M

A	D	F#m7

Você disse que não sabe se não
      A   D   C#m7 D7M
Mas também não tem certeza que sim
        G#m7 F#m7   B7
Quer saber? Quando é assim
        D C#m7 Bm7   E4 G7M
Deixa vir do coração
      A   D   F#m7
Você sabe que só penso em você
      A   D   C#m7 D7M
Você diz que vive pensando em mim
      G#m7 F#m7   B7
Pode ser se é assim
    D   C#m7   D
Você tem que largar a mão do não
            C#m7
Soltar essa louca, arder de paixão
       D   C#m7
Não há como doer pra decidir.

    Bm7
Só dizer sim ou não
      D C#m7 Bm7 E4   A D F#m7 E A
Mas você a - do - ra um se...
       D   F#m7   E A
Eu levo a sério mas você disfarça
       D   F#m7   E A
Você me diz à beça e eu nessa de horror
       D   F#m7   E A
E me remete ao frio que vem lá do Sul
       D   F#m7   E A
Insiste em zero a zero e eu quero um a um
       D   F#m7   E A
Sei lá o que te dá, não quer meu calor
       D   F#m7   E A
São Jorge, por favor, me empresta o dragão
       D   F#m7   E A
Mais fácil aprender japonês em Braile
       D   F#m7   E A D E4 G7M
Do que você decidir se dá ou não.

Sei lá a vida tem sempre razão

Toquinho e Vinicius de Moraes

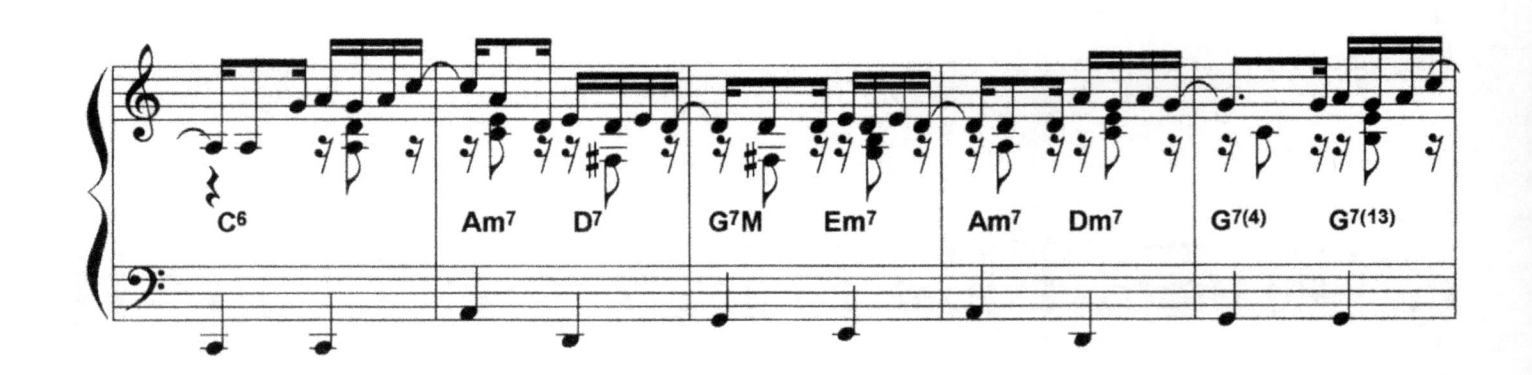

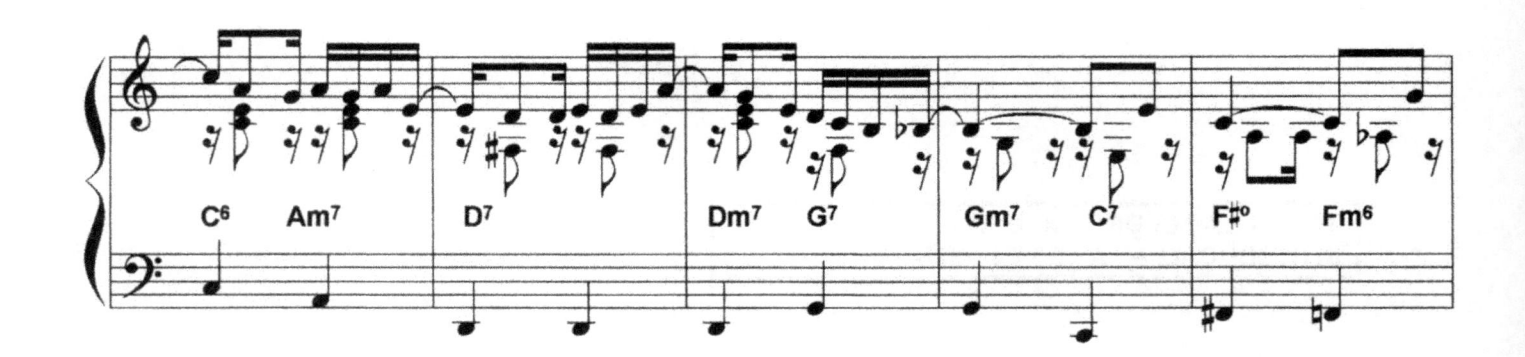

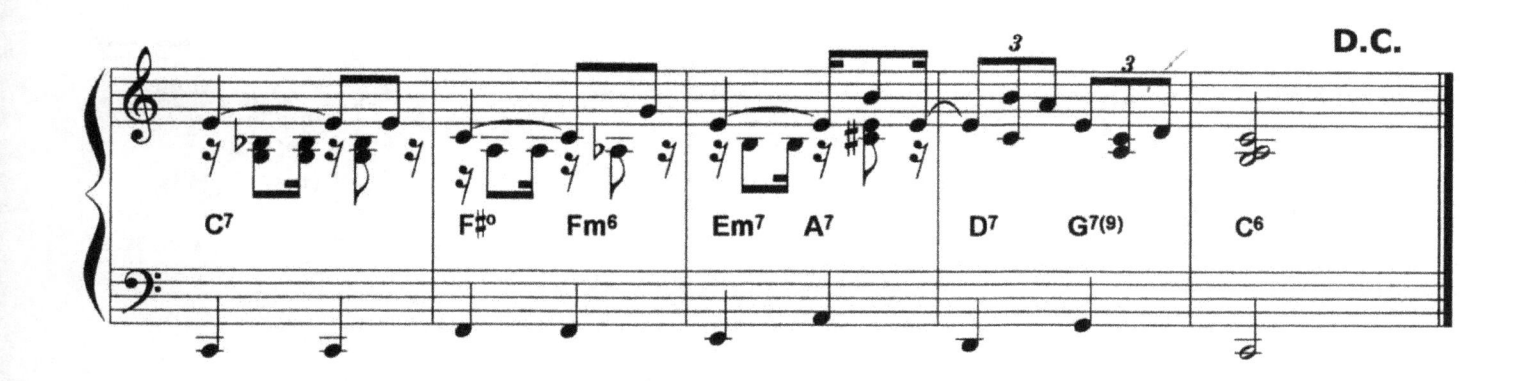

```
TOM – DÓ MAIOR – C G7 C
INTRODUÇÃO – G4 G7 C6
```

          Am7   D7
Tem dias que eu fico pensando na vida
        Dm7   G7   C6
E sinceramente não vejo saída
            Am7   D7   G7M
Como é, por exemplo, que dá pra entender
   Em7   Am7   Dm7   G4
A gente mal nasce começa a morrer
  G7   C6   Am7   D7
Depois da chegada vem sempre a partida
        Dm7   G7   Gm7 C7
Porque não há nada sem separação.
   F#º Fm6   Em7 A7
Sei lá,   sei lá
  D7   G7   C7
A vida é uma grande ilusão
     F#º Fm6   Em7 A7
Eu sei lá,   sei lá
  D7   G7   C7
A vida é uma grande ilusão
   F#º Fm6   Em7 A7
Sei lá,   sei lá
  D7   G7   C7
A vida é uma grande ilusão.

   F#º Fm6   Em7 A7
Sei lá,   sei lá
  D7   G7   C6 G4 G7 C6
Só sei que ela está com a razão
         Am7   D7
A gente nem sabe que males apronta
        Dm7   G7   C6
Fazendo de conta, fingindo esquecer
        Am7   D7   G7M
Que nada renasce antes que se acabe
   Em7   Am7   Dm7 G4
E o sol que desponta tem que anoitecer
  G7   C6   Am7   D7
De nada adianta ficar-se de fora
        Dm7   G7   Gm7 C7
A hora do sim é um descuido do não
   F#º Fm6   Em7 A7
Sei lá,   sei lá
  D7   G7   C7
Só sei que é preciso paixão
   F#º Fm6   Em7 A7
Sei lá,   sei lá
  D7   G7   C6
A vida tem sempre razão.

Sentimental demais

Ewaldo Gouveia e Jair Amorim

```
TOM - SOL MENOR - Gm D7 Gm
INTRODUÇÃO - Eb F7 Gm7 C Gm
```

```
          Gm    F7    Bb  Am Gm
Sentimental eu sou, eu sou demais
          Gm
Eu sei que sou assim
          G6       Cm
Porque assim ela me faz
            Adim      D7
As músicas que eu vivo a cantar
            Gm7  Gm
Têm um sabor igual
            Em7
Por isso é que se diz:
           Eb      D7
Como ele é sentimental.
            Gm    F7    Bb  Am Gm
Romântico é sonhar e eu sonho assim
              Dº   G6
Cantando estas canções
     G7       Eb  Dm Cm
Para quem é igual a mim.
            Aº
E quem achar alguém
          D7
Como eu achei
            Gm7  Gm
Verá que é natural
           Eb
Ficar como eu fiquei
         F7
Cada vez mais
         Gm
Sentimental.
```

Serenata do adeus

Vinícius de Moraes

Tom: Em
Introdução: Em7(9) Am7 Em7(9) Am7

```
Em7(9)   Am7            Em7(9)      Am7
Ai,         a lua que no céu surgiu
              Em7(9)       F#m7
Não é a mesma que te viu
          B7      Em7(9)    Am7
Nascer dos braços meus
Em7(9)   Am7            Em7(9)       Am7
Cai         a noite sobre o nosso amor
              Em7(9)       F#m7
E agora só restou do amor
          B7    Em7    F#m7(b5)  B7
Uma palavra: adeus.
Em              Eº
Ai, vontade de ficar
                   Am6/E    B7/E
Mas tendo que ir embora
Em             C7              F#m7(b5)
Ai, que amar é se ir morrendo pela vida afora
           B7            Em
É refletir na lágrima um momento breve
              Am7/C        F#m7(b5)   B7
De uma estrela pura, cuja luz morreu.
Em7(9)   Am7            Em7    Am7
Ah,        mulher, estrela a refulgir
              Em7      F#m7
Parte, mas antes de partir
          B7     Em7(9)    Am7
Rasga o meu coração
```

```
Em7(9)   Am7                      Em7   Am7
Cra  -   va as garras no meu peito em dor
                     Em7      F#m7
E esvai sangue todo o amor
            B7  Em7   F#m7(b5)   B7
Toda a desilusão
Em              Eº
Ai, vontade de ficar
                   Am6/E    B7/E
Mas tendo de ir embora
Em             C7              F#m7(b5)
Ai, que amar é se ir morrendo pela vida afora
           B7            Em
É refletir na lágrima um momento breve
              Am7/C        F#m7(b5)
De uma estrela pura, cuja luz morreu
              B7
Numa noite escura
        B7(b9)    Em7(9)   Am7
Triste  como      eu.

Em7(9) Am7 Em7(9)
```

Sinal fechado

Paulinho da Viola

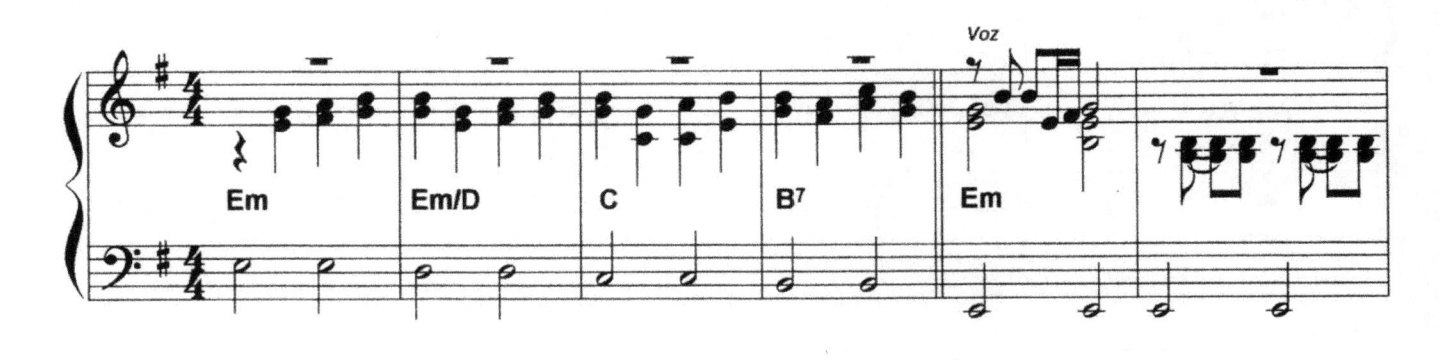

Em/D
Am
Am/G
D7/F♯
G6
C
C♯o
Co
Am
Am/G
D7/F♯
G6
G7
C
C♯o
Co
C♯o
Co
Em
Em/D
C
B7
Em
Em/D
C
B7
Em

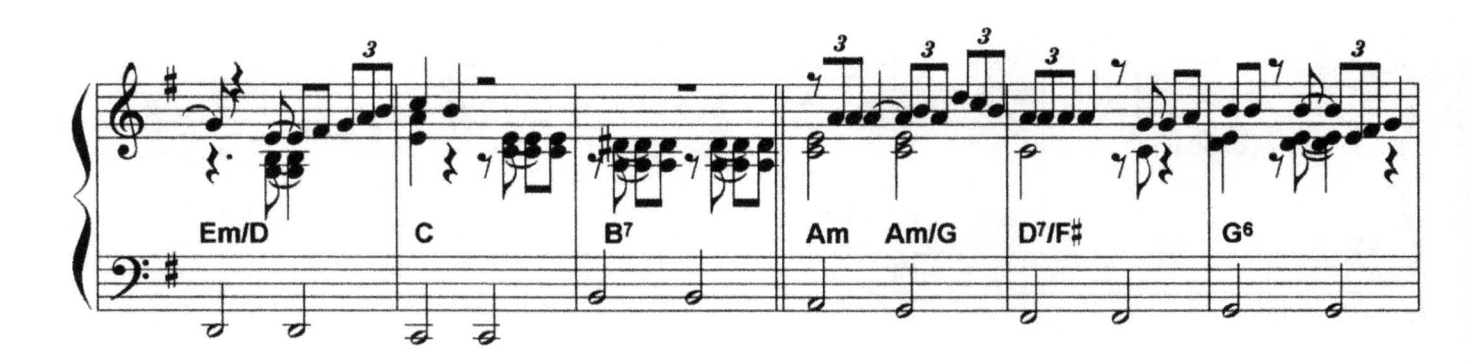

```
TOM – MI MENOR – Em B7 Em
INTRODUÇÃO – Em Em/D C B7
```

Em
   Olá, como vai
F#7
   Eu vou indo e você, tudo bem
Em
   Tudo bem, eu vou indo
                            F#7
Correndo pegar meu lugar no futuro e você

Tudo bem, eu vou indo
Am   **B7**   **Em**
E/D
   Em busca de um sono tranqüilo, quem sabe
F#7
F7M
   Quanto tempo, pois é, pois é quanto tempo
Em   **Em/D**
   Me perdoe a pressa
     Am   **Am/G**   **D7/F#**
É a alma dos nossos negócios
     G6
Ô, não tem de quê
C   **C#º**   **C7**
   Eu também só ando a cem
Am   **Am/G** **D7/F#**
   Quando é que você telefona
G6   **G7**
   Precisamos nos ver por aí

         C
Pra semana, prometo, talvez nos vejamos
C#º   **C7**
  Quem sabe
C#º   **Cº**
  Quanto tempo pois é, pois é quanto tempo.

Instrumental
Em Em/D C B7 Em Em/D C B7

Em
   Quanta coisa eu tinha a dizer
           C   **B7**
Mas eu sumi na poeira das ruas
Em   **Em/D**
Eu também tenho algo a dizer
          C   **B7**
Mas me foge a lembrança
Am   **Am/G**   **D7/F#**
   Por favor telefone eu preciso beber
     G6   **C7M**
Alguma coisa rapidamente.

         C#º   **Cº**
Repete   Pra semana, o sinal
         C#º   **Cº**
    Eu espero você, vai abrir.

Só pra te mostrar

Herbert Vianna

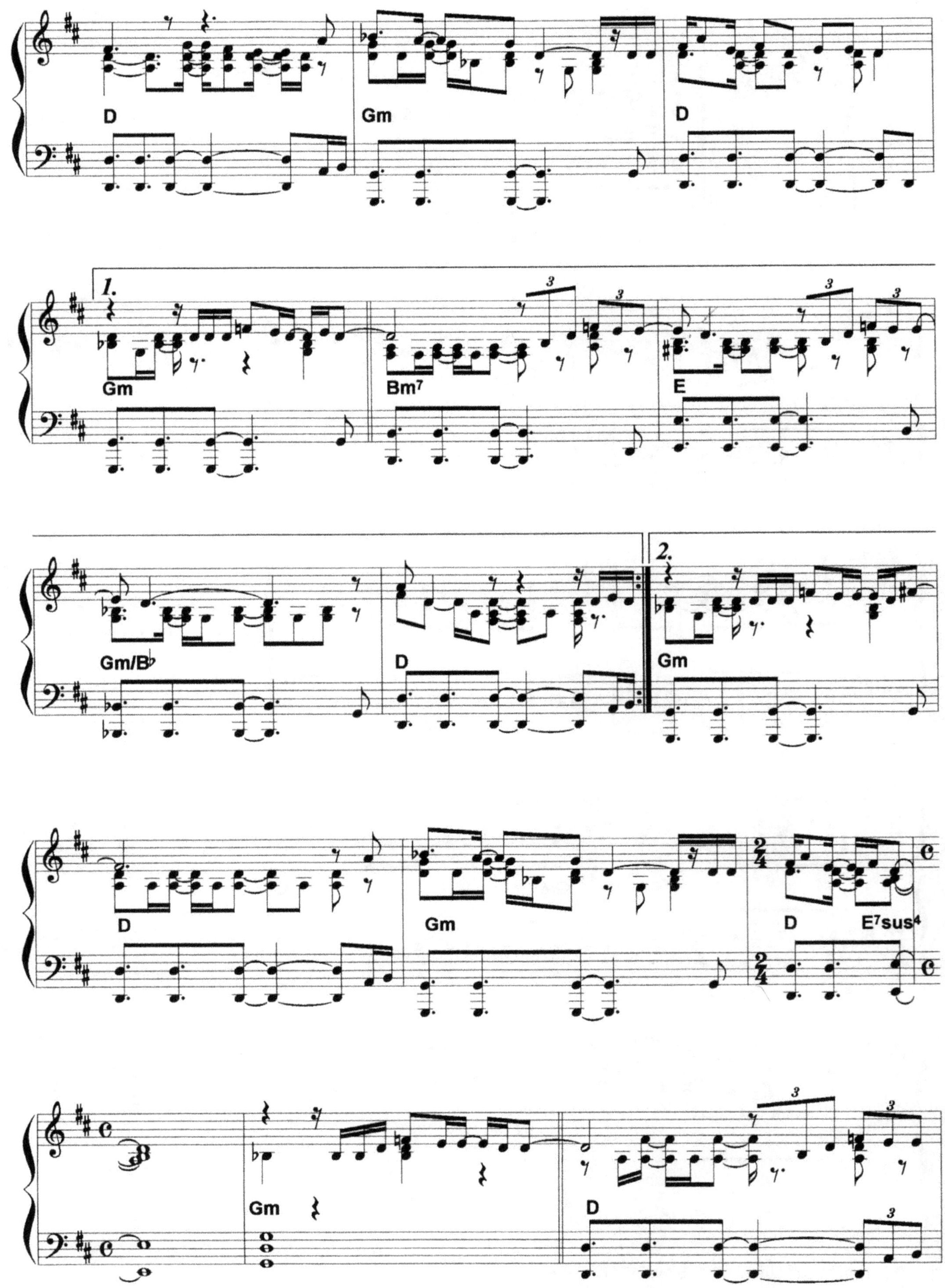
D
Gm
D
1.
Gm
Bm7
E
Gm/B♭
D
2.
Gm
D
Gm
D
E7sus4
Gm
D

Tom: D
Introdução: D E/D Gm/D D D E/D Gm/D D

    Bm7
Não quero nada
    E
Que não venha de nós dois
        Gm/Bb
Não creio em nada
    D
Do que eu conheci antes de conhecer
Bm7   E7
Queria tanto te trazer aqui
   Gm/Bb   D
Pra te mostrar, pra te mostrar por que
Gm   D
Não há nada que ponha tudo em seu lugar
        Eu sei
Gm
O meu lugar está aí.

  Bm7 E Gm/Bb D

    Bm7
Não vejo nada,
        E
Mesmo quando acendo a luz
        Gm/Bb
Não creio em nada
      D
Mesmo que me provem certo como dois e dois
Bm7   E7
As plantas crescem em nosso jardim
   Gm/Bb   D
Pra te mostrar, pra te mostrar por que

     Gm   D
Não há nada que ponha tudo em seu lugar

Eu sei
Gm   D
O meu lugar está aí
     Gm   D   E7sus4
Não há nada que ponha tudo em seu lugar
Gm
O meu lugar está aí.

D E/D Gm/D D D E/D Gm/D D

Sozinho

Peninha

Tom: Ré Maior
Intro: F7M Em A7sus4 A7

D   Bm7
   Às vezes, no silêncio da noite
Em7   A7sus4 A7
   Eu fico imaginando nós dois
D   Bm7
   Eu fico ali sonhando acordado, juntando
Em7   A7sus4 A7 A A#°
   O antes, o agora e o depois
Bm7   F#m7   G7M
   Por que você me deixa tão solto?
Bm7   F#m7   Bm7/E
   Por que você não cola em mim?
Bm7   F#m7   G7M
   Tô me sentindo muito sozinho.

D   Bm7
   Não sou nem quero ser o seu dono
Em7   A7sus4 A7
   É que um carinho às vezes cai bem
D   Bm7
   Eu tenho meus segredos e planos secretos
Em7   A7sus4 A7 A
A#°
   Só abro pra você mais ninguém

Bm7   F#m7   G7M
   Por que você me esquece e some?
Bm7   F#m7   Bm7/E
   E se eu me interessar por alguém?
Bm7   F#m7   G7M
   E se ela, de repente, me ganha?

D
   Quando a gente gosta
   D/C#
   É claro que a gente cuida
G7M
   Fala que me ama
                        C7M
   Só que é da boca pra fora
D
   Ou você me engana
   D/C#   Bm7
   Ou não está madura
G   A7(9, 11)   D6   Em7/A
   Onde está você agora?

G   A7(9, 11)   D6
   Onde está você agora?

Suave Veneno

Aldir Blanc e Cristóvão Bastos

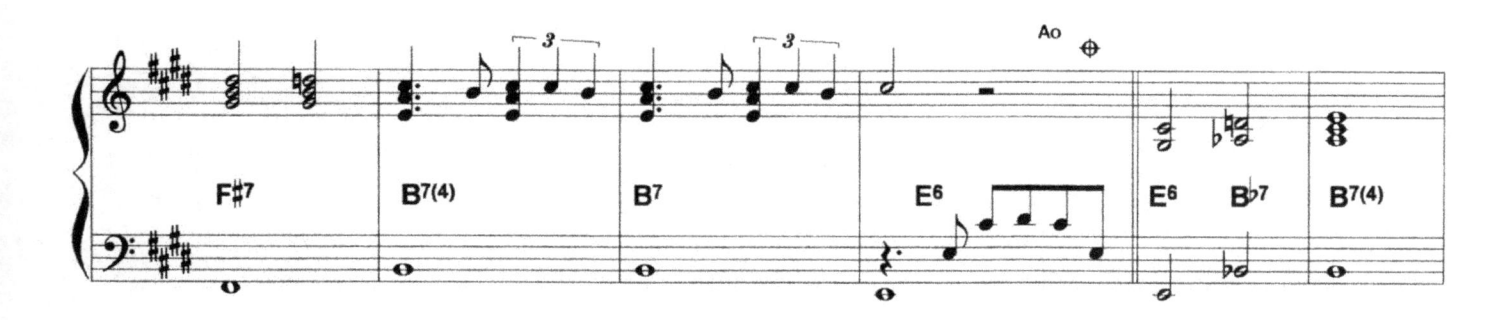

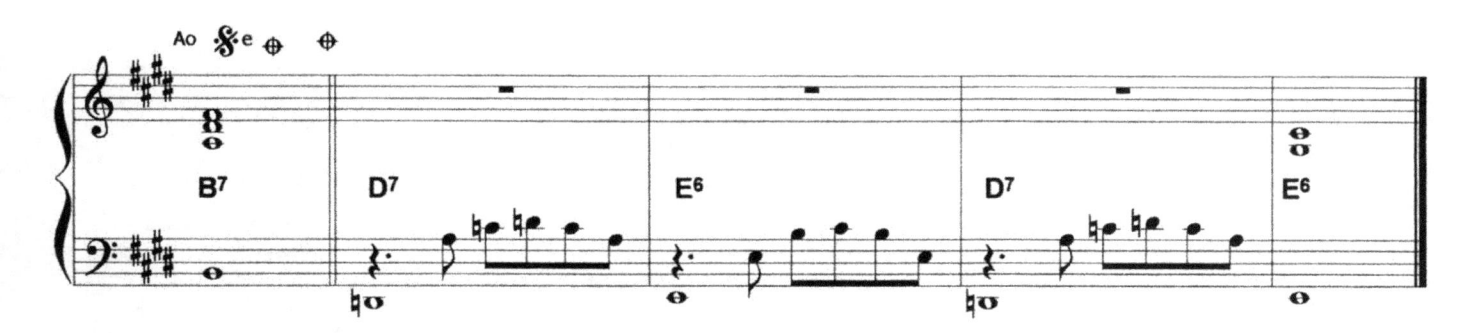

```
TOM – MI MAIOR – E B7 E
INTRODUÇÃO – D#7(#9) E6
```

D#7
Vivo encantado de amor
E6
Inebriado em você
Am/C
Suave veneno que pode curar ou matar
Am6   A7M
Sem querer por querer
D7
Essa paixão tão intensa
G7M
Também é meio doença
F#7
Sinto no ar que respiro
B7(4)   B7   E6
Os suspiros de amor por você
D#7
Suave veneno você.

Am6/C
Que soube impregnar
Am6
Até a luz de outros olhos
D7/F#   E7
Que busquem nas noites pra me consolar
A7M   A#°   E/B
Se eu me curar desse amor
C#7   F#m7
Não volto a te procurar
B7(4)   B/A   G#m
Minto que tudo mudou
C#7   A7M
Que eu pude me libertar
G#7
Apenas te peço um favor
C#m7   F#7
Não lance nos meus esses olhos de mar
B7(4)   B7   E6
Que eu desisto do adeus pra me envenenar.

1x E6 B7 B4 B7 E6 (Suave veneno...)
2x D7 E6 D7 E6

Triste

Antonio Carlos Jobim

Tom: G
Intro: G6 Ab7(9) G6 Ab7(9) G6 Ab7(9) G6 Ab7(9)

```
G6                      Eb7M  Cm7
      Triste é viver na solidão,
G6                   Bm7   E7(b13)
      Na dor cruel de uma paixão
Am     Am/G   F#m7(b5)  B7    Em          C#m7(b5)
      Triste  é  saber  que  ninguém  pode  viver  de  ilusão
F#13       B7M       F#7(13)
      Que nunca vai ser, nunca vai dar,
      B7    E7  Am7        D7  Ab7(9)
      O sonhador tem que acordar
G6                       Eb7M  Cm7
      Tua beleza é um avião,
G6                 Dm7  G7(b9)/Db
      Demais prum pobre coração
C7M           F7(9)   Bm7        Bb°
      Que pára pra te ver passar, só pra me maltratar
Am7         D7(b9)    G6  Ab7(9)  G6
      Triste é viver na solidão.
```

Valsa de Realejo

Guinga e Paulo César Pinheiro

TOM – FÁ # MENOR

    Ebº
Todos estão
      Dm Dº F#m
Pelo salão, amor
     F#7
E essa canção
  Bm7   C#7
Ninguém descobre de onde vem.

Me dê a mão
        Dº   C#4 C#7
Vamos dançar também
D/A   G#º   F#m Ebº
De coração aberto a gente faz projeto, amor
D#5   F#7/C#   B7
A gente escolhe um rumo pro nosso desejo
Bm7   D
Mas nem tudo dá certo.
           A/C#   Ebº
O tempo é mal secreto, amor
C#m   Cº   G#m7(b5) C#7
Ele brinca nos caminhos com nosso corte - jo
D/A   G#º   F#m7 Ebº
A morte está por perto, o tempo é o objeto, amor

D#5   F#7/C#   B7
E ela é quem nos dará o derradeiro beijo
Bm7   D   A/C#   Ebº
Mas morrendo o poeta, a música prossegue, amor
C#m   Cº   G#m7(b5) C#7
Pois é a mão de Deus que movimenta o Reale - jô.
F#m   Bº
Todos são dançarinos
Dº   A   Ebº
Na sala do destino, amor
   A   Dº
São pares que volteiam juntos
          A
Mas jamais se cruzam.

Pois não têm domínio
C#7   F#m
É um moto contínuo
Ebº   A
Viver é que é valsar
E7   A
A valsa é que o fascínio
G#º   A   D
Pelo que vejo   você não está dançando, amor
G#º   C#7   D   Bm F#m
O Realejo está tocando, amor.

Viagem

Taiguara

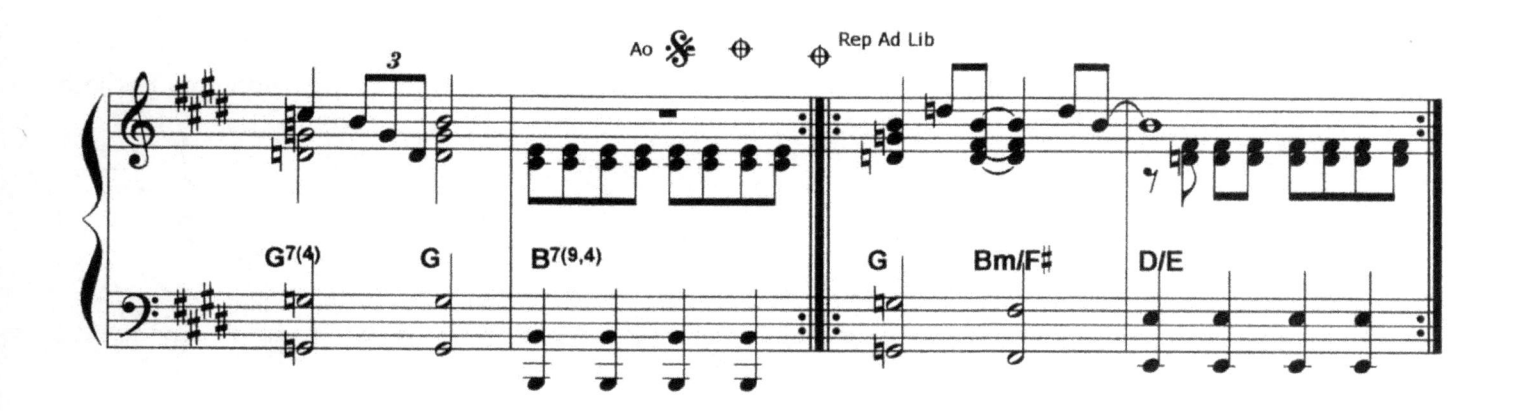

```
TOM – MI MAIOR – E B7 E
INTRODUÇÃO – E D7 G•Bm/F#  D/E
```

E   G#m/D# C#m   D#7   Bm/D
Vai, abandona a morte em vida em que hoje estás
        C#7(4)   C#7   Am/C
Ao lugar onde essa angústia se desfaz
        B7(4)   D7   G
E o veneno e a solidão mudam de cor
        Bm/F#   E4
Vai indo amor
E   G#m/D# C#m   D#7   Bm/D
Vai, recupera a paz perdida e as ilusões
        C#7(4) C#7   Am/C
Não espera vir a vida às tuas mãos
        B7(4)   D7   G
Faz em fera a flor ferida e vai lutar
        Bm/F#   E7(4) E7
Pro amor voltar.
Am Am/G   C/D   D7   F6
Vai, faz de um corpo de mulher estrada e sol
        E7(4) E7
Te faz amante
A7(4) A7   D7
Faz meu peito errante
          G7(4)   G   B7(4)
Acreditar que amanheceu.
Am Am/G   C/D   D7   F6
Vai, corpo inteiro mergulhar no teu amor
          E7(4) E7
Nesse momento
A7(4) A7   D7
Vai ser teu momento
              G7(4)   G   B7(4)
O mundo inteiro vai ser teu, teu, teu
G   Bm/F#   D/E
Vai, vai ...

Vila Esperança

Marcos César e
Adoniran Barbosa

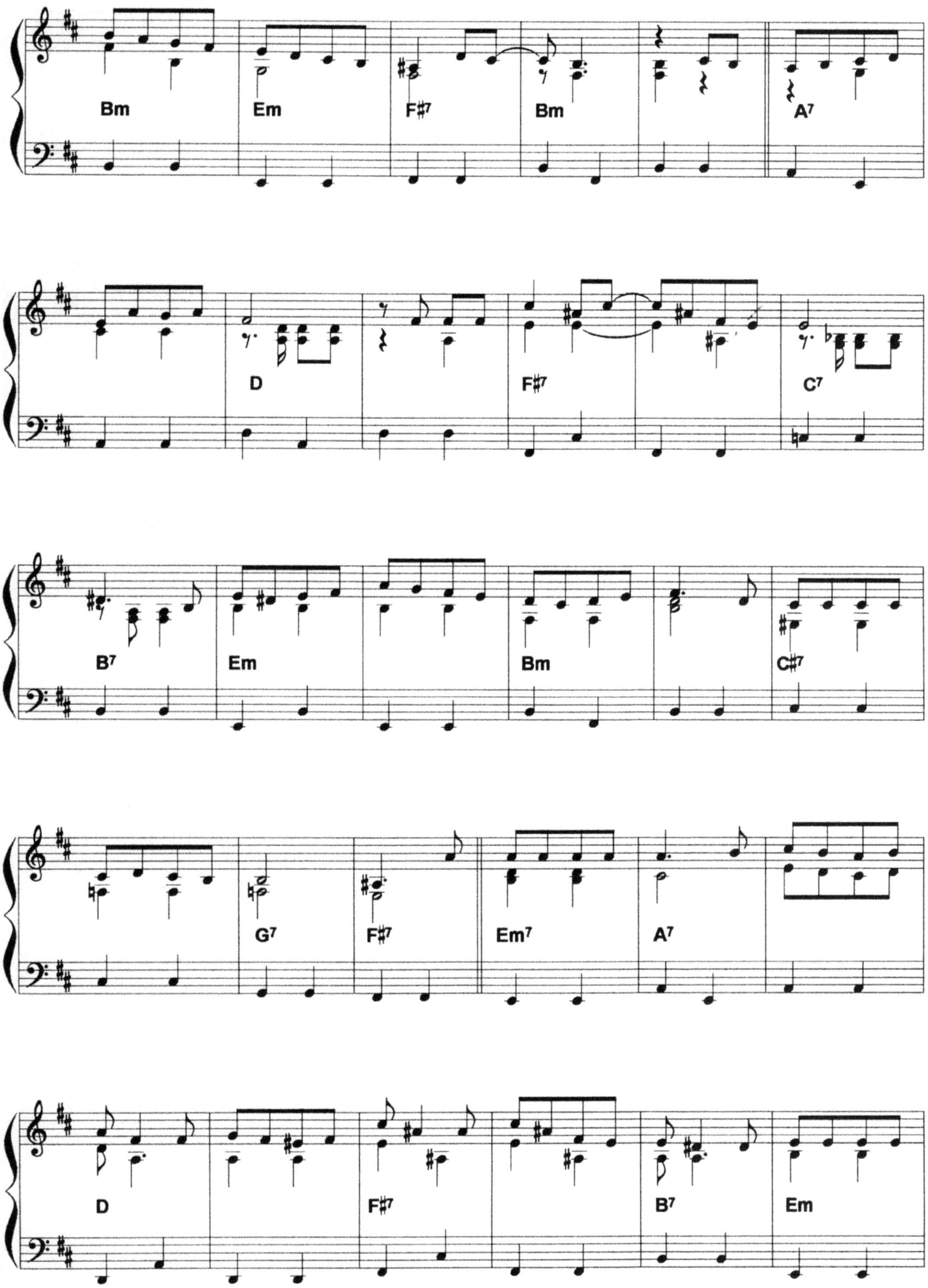
Bm
Em
F#7
Bm
A7
D
F#7
C7
B7
Em
Bm
C#7
G7
F#7
Em7
A7
D
F#7
B7
Em

TOM – SI MENOR

Bm   B7   Em
Vila Esperança, foi lá que eu passei
F#7   Bm
O meu primeiro carnaval
F#m   B7   Em
Vila Esperança, foi lá que eu conheci
       Fº   C#7   F#7
Maria Rosa, meu primeiro amor.
Bm   B7   Em
Como fui feliz naquele fevereiro
     F#7   C7   B7
Pois tudo para mim era primei - ro
      Em   Fº   Bm/F#
Primeira Rosa, primeira Esperança
  Bm   Em   F#7   Bm
Primeiro carnaval, primeiro amor criança.
   A7   D
Numa volta do salão ela me olhou
     F#7   C7   B7
Eu envolvi seu corpo em serpenti - na
  Em   Bm
E tive a alegria que tem todo pierrot
  C#7   G7   F#7
Ao ver que descobriu sua Colombi - na.
  Em7   A7   D
O carnaval passou, levou a minha Rosa
       F#7   B7
Levou minha Esperança, levou o amor criança
 Em   Fº   Bm/F#   Bm
Levou minha Maria, levou minha alegria
      Em   F#7   Bm
Levou a fantasia, só deixou uma lembrança.

Você

Tim Maia

F♯m F♯m7/B B7
E
F♯m
G♯m
F♯m F♯m7/B B7
E
A
E
mp
cresc
A
G♯m
F♯m7
G♯m
f
F♯m/B
1. solo de guitarra
E
A7
E
A7
Voz
2.
E
A7M
E

Tom: E

```
        Em
De repente a dor
        Em/D
De esperar terminou
  Am
E o amor veio enfim
Am6
Eu que sempre sonhei
        B7(9)        Em      Am6 B7
Mas não acreditei muito em mim
        Em           Em/D
Vi o tempo passar, o in - ver - no chegar
  Am
Outra    vez.

Mas desta vez todo pranto sumiu
         F          B
Um encanto surgiu, meu amor

       E           F#m
Você é mais do que sei
            G#m
É mais que pensei
```

```
                F#m       F#m7/B  B7
É mais que es – pe – ra - va,   ba - by
        E           F#m
Você é algo assim
            G#m
É tudo pra mim
                F#m       F#m7/B  B7
É como eu so – nha - va,   ba - by
        E           A
            Sou  feliz  agora
        E           A        G#m
            Não, não vá    embora, não
  F#m            G#m            F#m B7
  Não, não, não, não, não, não, não, não.

            (E A7M E A7M)

        E    A7M              E  A7M
            Não, não vá em - bo - ra,
                        E
não, não vá em - bo - ra

                      A7M
Vou morrer de sau - da - de,
                  E
vou morrer de sau – da – de...
```

Vou Vivendo

Pixinguinha e Benedito Lacerda

© Copyright 1947 by IRMÃOS VITALE S/A IND. E COM.
Todos os direitos autorais reservados para todos os países. All rights reserved.

255

O SEGREDO MARAVILHOSO DAS CIFRAS

Atendendo à diversos telefonemas de Professores e Pianistas que não tocam pelo Sistema Cifrado, transcrevo aqui algumas rápidas orientações de «Como tocar a Música Popular por Cifras».

Não irei apresentar precisamente uma aula, porque o espaço é pequeno, mas apenas algumas «Dicas» para aqueles que me telefonam do interior, baseado no sucesso desta Enciclopédia «O Melhor da Música Popular Brasileira», atualmente em 7 volumes, cujo 1.º volume já atingiu a 3.ª edição em menos de um ano.

GOSTAR DE CIFRAS

Antes de dar a primeira «Dica», gostaria de dizer que o melhor remédio para aprender Cifras é «Gostar delas» e não querer aprender já vindo «Sem vontade de gostar», pois seu estudo requer muito gosto, ação criadora e ritmo próprio. É mais uma matéria importante que vai somar aos seus conhecimentos musicais, porque será, sem dúvida alguma, uma prova de Ritmo, onde você poderá criar maravilhas com estas simples Cifras, que nada mais são que uma oportunidade para colocar em prática todos os seus conhecimentos de Harmonia ou os seus dons naturais deste seu ouvido absoluto que Deus lhe deu.

CIFRAS

São letras e sinais convencionais que se colocam acima ou abaixo de uma Melodia, para representar os acordes do Acompanhamento. As Cifras, mundialmente conhecidas, são escritas em Lingua Anglo Saxônia e Lingua Latina.

DÓ RÉ MI FÁ SOL LÁ SI (Lingua Latina)
C   D   E   F   G   A   B   (Anglo Saxônia)

ORDEM ALFABÉTICA

As notas em Lingua Anglo Saxônia, seguem a ordem do alfabeto;

A   B   C   D   E   F   G

Começa na letra **A**, que é a nota Lá, por ser a nota principal do Diapasão Normal. As Cifras são usadas desde a Idade Média.

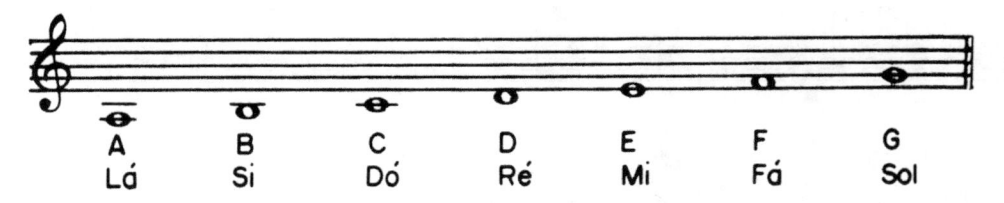

A	B	C	D	E	F	G
Lá	Si	Dó	Ré	Mi	Fá	Sol

Na Cifragem Anglo Saxônia, os acordes maiores são representados apenas pela letra maiúscula correspondente, e nos acordes menores acrescentando um **m** (minúsculo). Ex. C - DÓ Maior e Cm - DÓ menor.

SINAIS CONVENCIONAIS PARA REPRESENTAR OS ACORDES
(EXEMPLO EM C - DÓ)

C	Lê-se	DÓ Maior	Cm	Lê-se	DÓ Menor
C5+	"	DÓ com 5.ª aumentada	Cm6	"	DÓ menor com sexta
C6	"	DÓ com sexta	C dim (C.º)	"	DÓ Sétima Diminuta
C7	"	DÓ Sétima (menor) Dominante	Cm7	"	DÓ menor Sétima
C7M	"	DÓ Sétima Maior	C9−(C79−)	"	DÓ com nona menor
C9(C79)	"	DÓ nona Maior			

(Assim em todos os tons)

ALGUNS ACORDES FORMADOS SOBRE A TÔNICA C - DÓ
(SOMENTE NO ESTADO FUNDAMENTAL)

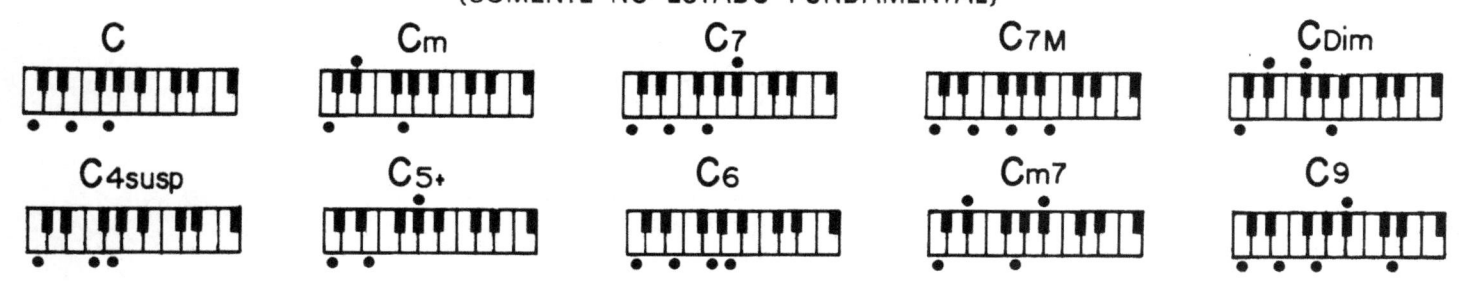

| C | Cm | C7 | C7M | CDim |
| C4susp | C5+ | C6 | Cm7 | C9 |

Os acordes de C7, C7M e C9, podem ser simplificados, substituindo-os por C e os de Cm7 podem ser substituídos por Cm.

Para se formar o acorde de 4.ª Suspensa, retira-se a 3.ª do acorde (MI) e coloca-se a 4.ª que é o Fá (no tom de DÓ). Esta 4.ª chama-se Suspensa porque causa uma impressão de Suspense no acorde.

Os violonistas quase sempre substituem o acorde de Quinta Diminuta por 7.ª Diminuta. Ex: Cm5- por Cdim ou C.°.

ACORDES PARADOS E ARPEJADOS PARA PRINCIPIANTES

Para que os principiantes possam tocar todas as músicas desta Enciclopédia, deixo aqui uma pequena «Dica», que por certo vai dar-lhes a oportunidade de executar suas músicas, extravasando assim sua ansiedade de tocar, mesmo que seja de uma maneira fácil e simples. Como eles não podem ainda movimentar e produzir ritmos com os acordes da Mão Esquerda, aconselho tocar os Acordes Parados ou Arpejados. Deverão tocar somente as notas de cima da Melodia que está na Clave de Sol, observando as Cifras dos acordes e mudando-os todas as vezes que aparecer uma Cifra diferente.

MÃO ESQUERDA

C (Acorde Parado) — Sol Mi Dó

C (Acorde Arpejado) — Dó Mi Sol Mi Dó Mi Sol Mi

RONDA

F — Dó Lá Fá — Parado

Am — Mi Dó Lá — Parado

Am5- — Mib Dó Lá — Parado

D — Ré Fá# Lá — Arpejado

etc.

O SEGREDO MARAVILHOSO DAS CIFRAS
E
COMO TOCAR A MÚSICA POPULAR POR CIFRAS

Para os interessados em executar a Música Popular por Cifras, recomendo adquirir duas obras importantes, onde serão encontrados todos os ensinamentos do SISTEMA CIFRADO: «O SEGREDO MARAVILHOSO DAS CIFRAS» e «COMO TOCAR A MÚSICA POPULAR POR CIFRAS», que se encontram no 3.º volume da obra: «120 Músicas Favoritas para Piano», de Mário Mascarenhas.

Também, será de muito proveito, para completar este estudo, adquirir o «MÉTODO DE ÓRGÃO ELETRÔNICO», do mesmo autor, onde contém as Cifras mais completas e com os acordes mais dissonantes.

VOLUME 1

ABISMO DE ROSAS
ÁGUAS DE MARÇO
ALEGRIA, ALEGRIA
AMANTE À MODA ANTIGA
AMIGO
A NOITE DO MEU BEM
APANHEI-TE, CAVAQUINHO
APELO
AQUARELA DO BRASIL
ARROMBOU A FESTA
AS ROSAS NÃO FALAM
ATRÁS DA PORTA
BACHIANAS BRASILEIRAS Nº 5
BOA NOITE, AMOR
BOATO
CAÇADOR DE MIM
CAFÉ DA MANHÃ
CANÇÃO QUE MORRE NO AR
CARCARÁ
CARINHOSO
CAROLINA
CHÃO DE ESTRELAS
CIDADE MARAVILHOSA
CONCEIÇÃO
DÁ NELA
DE CONVERSA EM CONVERSA
DEUSA DA MINHA RUA
DISSE ME DISSE
DORINHA, MEU AMOR
DUAS CONTAS
EMOÇÕES
ESMERALDA
ESSES MOÇOS
ESTÃO VOLTANDO AS FLORES
ESTRADA DA SOLIDÃO
FESTA DO INTERIOR
FIM DE SEMANA EM PAQUETÁ
FIO MARAVILHA
FLOR AMOROSA
FOLHAS SÊCAS
GAROTA DE IPANEMA
GENTE HUMILDE
GOSTO QUE ME ENROSCO
INFLUÊNCIA DO JAZZ
JANGADEIRO
JANUÁRIA
JURA
LADY LAURA
LÁGRIMAS DE VIRGEM
LATA D'ÁGUA

LIGIA
LUAR DO SERTÃO
LUIZA
MARVADA PINGA
MATRIZ OU FINAL
MEU BEM QUERER
MEUS TEMPOS DE CRIANÇA
MODINHA
NA PAVUNA
NÃO DÁ MAIS PRA SEGURAR (EXPLODE CORAÇÃO)
NÃO EXISTE PECADO AO SUL DO EQUADOR
NÃO IDENTIFICADO
NOSSOS MOMENTOS
Ó ABRE ALAS
O BÊBADO E A EQUILIBRISTA
O MORRO NÃO TEM VEZ
ONDE ANDA VOCÊ
OS SEUS BOTÕES
O TEU CABELO NÃO NEGA
PARALELAS
PELA LUZ DOS OLHOS TEUS
PELO TELEFONE
PÉTALA
PRELÚDIO PARA NINAR GENTE GRANDE
QUANDO VIM DE MINAS
REFÉM DA SOLIDÃO
REGRA TRÊS
ROMARIA
RONDA
SAMBA EM PRELÚDIO
SE ELA PERGUNTAR
SEI LÁ MANGUEIRA
SERRA DA BOA ESPERANÇA
SERTANEJA
SE TODOS FOSSEM IGUAIS A VOCÊ
SÓ DANÇO SAMBA
SONS DE CARRILHÕES
SUBINDO AO CÉU
TERNURA ANTIGA
TICO-TICO NO FUBÁ
TRAVESSIA
TREM DAS ONZE
TROCANDO EM MIÚDOS
TUDO ACABADO
ÚLTIMO DESEJO
ÚLTIMO PAU DE ARARA
VALSINHA
VASSOURINHAS
VERA CRUZ
VIAGEM

VOLUME 2

AÇAÍ
A DISTÂNCIA
A FLOR E O ESPINHO
A MONTANHA
ANDRÉ DE SAPATO NOVO
ATÉ AMANHÃ
ATÉ PENSEI
ATRÁS DO TRIO ELÉTRICO
A VIDA DO VIAJANTE
BATIDA DIFERENTE
BLOCO DA SOLIDÃO
BONECA
BREJEIRO
CHEIRO DE SAUDADE
CHICA DA SILVA
CHOVE CHUVA
CHUVA, SUOR E CERVEJA
CHUVAS DE VERÃO
CADEIRA VAZIA
CANÇÃO DO AMANHECER
CANTO DE OSSANHA
DA COR DO PECADO
DINDI
DOMINGO NO PARQUE
ELA É CARIOCA
EU SONHEI QUE TU ESTAVAS TÃO LINDA
EXALTAÇÃO À BAHIA
EXALTAÇÃO A TIRADENTES
FÉ
FEITIÇO DA VILA
FOI A NOITE
FOLHAS MORTAS
FORÇA ESTRANHA
GALOS, NOITES E QUINTAIS
HOJE
IMPLORAR
INÚTIL PAISAGEM
JESUS CRISTO
LAMENTOS
LEMBRANÇAS
MARIA NINGUÉM
MARINA
MAS QUE NADA
MEU PEQUENO CACHOEIRO
MEU REFRÃO
MOLAMBO
MULHER RENDEIRA
MORMAÇO
MULHER
NOITE DOS NAMORADOS
NO RANCHO FUNDO
NOVA ILUSÃO
Ó PÉ DE ANJO
OBSESSÃO
ODEON
O DESPERTAR DA MONTANHA
OLHOS VERDES
O MENINO DE BRAÇANÃ
O MUNDO É UM MOINHO
ONDE ESTÃO OS TAMBORINS
O ORVALHO VEM CAINDO
O QUE É AMAR
PAÍS TROPICAL
PASTORINHAS
PIERROT APAIXONADO
PISA NA FULÔ
PRA DIZER ADEUS
PRA FRENTE BRASIL
PRA QUE MENTIR?
PRA SEU GOVERNO
PRIMAVERA (VAI CHUVA)
PROPOSTA
QUASE
QUANDO EU ME CHAMAR SAUDADE
QUEREM ACABAR COMIGO
RANCHO DA PRAÇA ONZE
RETALHOS DE CETIM
RETRATO EM BRANCO E PRETO
RODA VIVA
SÁBADO EM COPACABANA
SAMBA DE ORFEU
SÁ MARINA
SAUDADES DE OURO PRETO
SAUDOSA MALOCA
SE ACASO VOCÊ CHEGASSE
SEGREDO
SEM FANTASIA
TARDE EM ITAPOAN
TATUAGEM
TERRA SECA
TESTAMENTO
TORÓ DE LÁGRIMAS
TRISTEZA
TRISTEZAS NÃO PAGAM DÍVIDAS
ÚLTIMA FORMA
VAGABUNDO
VAI LEVANDO
VAMOS DAR AS MÃOS E CANTAR
VÊ SE GOSTAS
VIVO SONHANDO

VOLUME 3

- A BAHIA TE ESPERA
- ABRE A JANELA
- ADEUS BATUCADA
- AGORA É CINZA
- ÁGUA DE BEBER
- AMADA AMANTE
- AMIGA
- AQUELE ABRAÇO
- A RITA
- ASA BRANCA
- ASSUM PRETO
- A VOLTA DO BOÊMIO
- ATIRASTE UMA PEDRA
- BARRACÃO
- BERIMBAU
- BODAS DE PRATA
- BOIADEIRO
- BOTA MOLHO NESTE SAMBA
- BOTÕES DE LARANJEIRA
- CAMINHEMOS
- CANSEI DE ILUSÕES
- CAPRICHOS DE AMOR
- CASA DE CABOCLO
- CASTIGO
- CHORA TUA TRISTEZA
- COM AÇÚCAR, COM AFETO
- COM QUE ROUPA
- CONSELHO
- DEBAIXO DOS CARACÓIS DE SEUS CABELOS
- DISSERAM QUE EU VOLTEI AMERICANIZADA
- DOIS PRA LÁ, DOIS PRA CÁ
- ÉBRIO
- É COM ESSE QUE EU VOU
- ELA DISSE-ME ASSIM (VAI EMBORA)
- ESTRELA DO MAR (UM PEQUENINO GRÃO DE AREIA)
- EU E A BRISA
- EU DISSE ADEUS
- EXALTAÇÃO À MANGUEIRA
- FALA MANGUEIRA
- FAVELA
- FOLHETIM
- GENERAL DA BANDA
- GRITO DE ALERTA
- INGÊNUO
- LÁBIOS QUE BEIJEI
- LOUVAÇÃO
- MANIAS
- ME DEIXE EM PAZ
- MEU BEM, MEU MAL
- MEU MUNDO CAIU
- MOCINHO BONITO
- MORENA FLOR
- MORRO VELHO
- NA BAIXA DO SAPATEIRO (BAHIA)
- NA RUA, NA CHUVA, NA FAZENDA
- NÃO TENHO LÁGRIMAS
- NEM EU
- NESTE MESMO LUGAR
- NOITE CHEIA DE ESTRELAS
- NOSSA CANÇÃO
- O AMOR EM PAZ
- O MOÇO VELHO
- O PEQUENO BURGUÊS
- OPINIÃO
- O PORTÃO
- O TIC TAC DO MEU CORAÇÃO
- PAZ DO MEU AMOR
- PEDACINHOS DO CÉU
- PIVETE
- PONTEIO
- POR CAUSA DE VOCÊ MENINA
- PRA MACHUCAR MEU CORAÇÃO
- PRIMAVERA
- PRIMAVERA NO RIO
- PROCISSÃO
- QUEM TE VIU, QUEM TE VÊ
- QUE PENA
- QUE SERÁ
- REALEJO
- RECADO
- REZA
- ROSA
- ROSA DE MAIO
- ROSA DOS VENTOS
- SAMBA DO ARNESTO
- SAMBA DO AVIÃO
- SAMBA DO TELECO-TECO
- SAMURAI
- SAUDADE DA BAHIA
- SAUDADE DE ITAPOAN
- SE VOCÊ JURAR
- SE NÃO FOR AMOR
- SÓ LOUCO
- TAJ MAHAL
- TEM MAIS SAMBA
- TRISTEZAS DO JECA
- TUDO É MAGNÍFICO
- VINGANÇA
- VOCÊ
- ZELÃO

VOLUME 4

- ALÉM DO HORIZONTE
- AMOR CIGANO
- APENAS UM RAPAZ LATINO AMERICANO
- ARGUMENTO
- ARRASTA A SANDÁLIA
- ATIRE A PRIMEIRA PEDRA
- A VOZ DO VIOLÃO
- BAIÃO
- BAIÃO DE DOIS
- BANDEIRA BRANCA
- BEIJINHO DOCE
- CABELOS BRANCOS
- CAMA E MESA
- CAMISOLA DO DIA
- CANÇÃO DE AMOR
- CANTA BRASIL
- CASA DE BAMBA
- CASCATA DE LÁGRIMAS
- COMO É GRANDE O MEU AMOR POR VOCÊ
- COMEÇARIA TUDO OUTRA VEZ
- COMO DIZIA O POETA
- CONVERSA DE BOTEQUIM
- COPACABANA
- COTIDIANO
- CURARE
- DELICADO
- DESACATO
- DE PAPO PRO Á
- DE TANTO AMOR
- DISRITMIA
- DOCE DE CÔCO
- DÓ-RÉ-MI
- É LUXO SÓ
- EVOCAÇÃO
- FALTANDO UM PEDAÇO
- FEITIO DE ORAÇÃO
- GOSTAVA TANTO DE VOCÊ
- GOTA D'ÁGUA
- JARDINEIRA
- LAURA
- LEVANTE OS OLHOS
- LINDA FLOR
- LOBO BÔBO
- MANHÃ DE CARNAVAL
- MANINHA
- MENINO DO RIO
- MENSAGEM
- MEU CONSOLO É VOCÊ
- MIMI
- MINHA
- MINHA NAMORADA
- MINHA TERRA
- MULHERES DE ATENAS
- NA CADÊNCIA DO SAMBA
- NA GLÓRIA
- NADA ALÉM
- NÃO SE ESQUEÇA DE MIM
- NAQUELA MESA
- NÃO TEM SOLUÇÃO
- NATAL DAS CRIANÇAS
- NERVOS DE AÇO
- NINGUÉM ME AMA
- NONO MANDAMENTO
- NUNCA MAIS
- O BARQUINHO
- O CIRCO
- O INVERNO DO MEU TEMPO
- OLHA
- OLHOS NOS OLHOS
- O MAR
- O PATO
- O PROGRESSO
- O QUE EU GOSTO DE VOCÊ
- O SAMBA DA MINHA TERRA
- O SOL NASCERÁ
- O SURDO
- OS ALQUIMISTAS ESTÃO CHEGANDO
- OS QUINDINS DE YAYÁ
- PARA VIVER UM GRANDE AMOR
- PASSAREDO
- PÉROLA NEGRA
- PIERROT
- QUANDO
- QUEM HÁ DE DIZER
- RIO
- SAIA DO CAMINHO
- SE É TARDE ME PERDOA
- SONOROSO
- SUGESTIVO
- SÚPLICA CEARENSE
- TÁ-HI!
- TEREZINHA
- TEREZA DA PRAIA
- TRANSVERSAL DO SAMBA
- TRÊS APITOS
- ÚLTIMA INSPIRAÇÃO
- UPA NEGUINHO
- URUBÚ MALANDRO

VOLUME 5

ACALANTO
ACORDA MARIA BONITA
A FONTE SECOU
AGORA NINGUÉM CHORA MAIS
A JANGADA VOLTOU SÓ
ALÔ, ALÔ, MARCIANO
AOS PÉS DA CRUZ
APESAR DE VOCÊ
A PRIMEIRA VEZ
ARRASTÃO
AS CURVAS DA ESTRADA DE SANTOS
A TUA VIDA É UM SEGREDO
AVE MARIA (SAMBA)
AVE MARIA (VALSA)
AVE MARIA NO MORRO
BALANÇO DA ZONA SUL
BASTIDORES
BEM-TE-VI ATREVIDO
BLOCO DO PRAZER
BORANDÁ
BRASILEIRINHO
BRASIL PANDEIRO
CABOCLO DO RIO
CASTIGO
CAMISA LISTADA
CAPRICHOS DO DESTINO
CHOVE LÁ FORA
CHUÁ-CHUÁ
COMO NOSSOS PAIS
CONSTRUÇÃO
COTIDIANO Nº 2
DANÇA DOS SETE VÉUS (SALOMÉ)
DETALHES
DIA DE GRAÇA
DOCE VENENO
DORA
EMÍLIA
ESSE CARA
EU AGORA SOU FELIZ
EU BEBO SIM
EU TE AMO MEU BRASIL
EXPRESSO 2222
FALSA BAIANA
FERA FERIDA
FIM DE CASO
FITA AMARELA
FOI UM RIO QUE PASSOU EM MINHA VIDA
FOLIA NO MATAGAL
GAVIÃO CALÇUDO
GAÚCHO (CORTA JACA)

HOMEM COM H
HOMENAGEM AO MALANDRO
INQUIETAÇÃO
INSENSATEZ
JARRO DA SAUDADE
JOÃO E MARIA
KALÚ
LUA BRANCA
MÁGOAS DE CABOCLO (CABOCLA)
MARIA
MARINGÁ
MEIGA PRESENÇA
MENINA MOÇA
MEU CARIRI
MEU CARO AMIGO
MORENA DOS OLHOS D'ÁGUA
MULATA ASSANHADA
NÃO DEIXE O SAMBA MORRER
NÃO ME DIGA ADEUS
NEGUE
NICK BAR
NINGUÉM É DE NINGUÉM
NUNCA
OCULTEI
O QUE SERÁ (A FLOR DA TERRA)
O SHOW JÁ TERMINOU
O TROVADOR
OUÇA
PALPITE INFELIZ
PENSANDO EM TI
PONTO DE INTERROGAÇÃO
POR CAUSA DE VOCÊ
PRA VOCÊ
QUANDO AS CRIANÇAS SAÍREM DE FÉRIAS
QUE MARAVILHA
RISQUE
RAPAZIADA DO BRAZ
SAMBA DA BENÇÃO
SAUDADE DE PÁDUA
SAUDADE FEZ UM SAMBA
SE QUERES SABER
SÓ COM VOCÊ TENHO PAZ
SORRIS DA MINHA DOR
SUAS MÃOS
TIGRESA
VELHO REALEJO
VOCÊ ABUSOU
VOCÊ EM MINHA VIDA
VOLTA POR CIMA
XICA DA SILVA

VOLUME 6

A BANDA
AS CANÇÕES QUE VOCÊ FEZ PRA MIM
AH! COMO EU AMEI
AI! QUEM ME DERA
ALGUÉM COMO TU
ALGUÉM ME DISSE
ALÔ ALÔ
ANDANÇA
ANOS DOURADOS
AVENTURA
BILHETE
CHARLIE BROWN
CABELOS NEGROS
CACHOEIRA
CAMUNDONGO
CANÇÃO DA MANHÃ FELIZ
CANÇÃO DA VOLTA
CHEGA DE SAUDADE
CHORA CAVAQUINHO
CHOVENDO NA ROSEIRA
CHUVA DE PRATA
COISAS DO BRASIL
COMEÇAR DE NOVO
CORAÇÃO APAIXONADO
CORAÇÃO APRENDIZ
CORAÇÃO ATEU
CORAÇÃO DE ESTUDANTE
CORCOVADO
DÁ-ME
DE VOLTA PRO ACONCHEGO
DEIXA
DEIXA EU TE AMAR
DESAFINADO
É DOCE MORRER NO MAR
ENCONTROS E DESPEDIDAS
ESTA NOITE EU QUERIA QUE O MUNDO ACABASSE
EU SEI QUE VOU TE AMAR
EU SÓ QUERO UM XODÓ
EU TE AMO
ESCRITO NAS ESTRELAS
FLOR DE LIS
ISTO AQUI O QUE É
JURAR COM LÁGRIMAS
KID CAVAQUINHO
LUA E ESTRELA
LUAR DE PAQUETÁ
LUZ DO SOL
MARIA MARIA
MÁSCARA NEGRA
MINHA PALHOÇA (SE VOCÊ QUIZESSE)
MISTURA
MORENA BOCA DE OURO
NANCY
NO TABULEIRO DA BAIANA
NOS BAILES DA VIDA
NOITES CARIOCAS
NOSSA SENHORA DAS GRAÇAS
O "DENGO" QUE A NEGA TEM
O MENINO DA PORTEIRA
O SANFONEIRO SÓ TOCAVA ISSO
O TRENZINHO DO CAIPIRA
OS PINTINHOS NO TERREIRO
ODARA
ORGULHO
OUTRA VEZ
OVELHA NEGRA
PAPEL MARCHÉ
PEDIDO DE CASAMENTO
PEGA RAPAZ
PISANDO CORAÇÕES
PRECISO APRENDER A SER SÓ
PRIMEIRO AMOR
QUE BATE FUNDO É ESSE?
QUERO QUE VÁ TUDO PRO INFERNO
QUIXERAMOBIM
RASGUEI O TEU RETRATO
SABIÁ
SAMBA DE UMA NOTA SÓ
SAMBA DE VERÃO
SAMBA DO CARIOCA
SAMBA DO PERDÃO
SAXOFONE, PORQUE CHORAS?
SE DEUS ME OUVISSE
SE EU QUISER FALAR COM DEUS
SEI QUE É COVARDIA... MAS
SENTADO À BEIRA DO CAMINHO
SERENATA SUBURBANA
SETE MARIAS
SINA
SOLIDÃO
TRISTEZA DANADA
UM A ZERO (1 x 0)
VAI PASSAR
VIDE VIDA MARVADA
VIOLA ENLUARADA
VIOLÃO NÃO SE EMPRESTA A NINGUÉM
VOCÊ E EU
WAVE
ZÍNGARA
ZINHA

VOLUME 7

A FELICIDADE
A MAJESTADE O SABIÁ
A SAUDADE MATA A GENTE
A VOZ DO MORRO
ÁLIBI
ALMA
ANDORINHA PRETA
ANTONICO
AS PRAIAS DESERTAS
AS VOZES DOS ANIMAIS
AVE MARIA
AZUL
AZUL DA COR DO MAR
BABY
BANDEIRA DO DIVINO
BALADA DO LOUCO
BALADA TRISTE
BATUQUE NO MORRO
BEIJO PARTIDO
BOLINHA DE PAPEL
BONECA DE PIXE
BRANCA
CAMISA AMARELA
CANÇÃO DA AMÉRICA
CASA NO CAMPO
CASINHA DA MARAMBAIA
CÉU E MAR
COMO UMA ONDA
COMO VAI VOCÊ
CORAÇÃO APRENDIZ
DAS ROSAS
DE CORAÇÃO PRA CORAÇÃO
DENTRO DE MIM MORA UM ANJO
DESLIZES
DEZESSETE E SETECENTOS
ERREI, ERRAMOS
ESQUINAS
EU DARIA MINHA VIDA
EU TE AMO VOCÊ
ÊXTASE
FICA COMIGO ESTA NOITE
FOI ELA
FOGÃO
GAROTO MAROTO
IZAURA
JUVENTUDE TRANSVIADA
LAMPIÃO DE GÁS
LAPINHA
LEVA MEU SAMBA (MEU PENSAMENTO)
LILÁS
LONDON LONDON
MADALENA
MAMÃE
MARCHA DA QUARTA-FEIRA DE CINZAS
MOÇA
MORO ONDE NÃO MORA NINGUÉM
MUITO ESTRANHO
NADA POR MIM
NADA SERÁ COMO ANTES
NAMORADINHA DE UM AMIGO MEU
NÃO QUERO VER VOCÊ TRISTE
NEM MORTA
NÓS E O MAR
O LADO QUENTE DO SER
O QUE É QUE A BAIANA TEM
O TREM AZUL
OS MENINOS DA MANGUEIRA
PALCO
PÃO E POESIA
PARA LENNON E McCARTNEY
PEDE PASSAGEM
PEGANDO FOGO
PEGUEI UM "ITA" NO NORTE
POEMA DAS MÃOS
PRA COMEÇAR
PRA NÃO DIZER QUE NÃO FALEI DAS FLORES
QUEM É
QUEM SABE
RAPAZ DE BEM
RECADO
ROQUE SANTEIRO
ROSA MORENA
ROTINA
SAMPA
SANGRANDO
SAUDADES DE MATÃO
SEDUZIR
SÓ EM TEUS BRAÇOS
SÓ TINHA DE SER COM VOCÊ
SORTE
TELEFONE
TEMA DE AMOR DE GABRIELA
TRISTE MADRUGADA
UM DIA DE DOMINGO
UM JEITO ESTÚPIDO DE TE AMAR
UMA NOITE E MEIA
VAGAMENTE
VOCÊ É LINDA
VOLTA
XAMEGO

VOLUME 8

A LENDA DO ABAETÉ
A LUA E EU
A VOLTA
ADOCICA
AGUENTA CORAÇÃO
AI! QUE SAUDADES DA AMÉLIA
AMANHÃ
AMÉRICA DO SUL
ANTES QUE SEJA TARDE
AZULÃO
BACHIANAS BRASILEIRAS nº4
BAHIA COM H
BANDOLINS
BANHO DE CHEIRO
BEATRIZ
BOI BUMBÁ
CAIS
CANÇÃO DA CRIANÇA
CANÇÃO DO AMOR DEMAIS
CODINOME BEIJA-FLOR
COM MAIS DE 30
COMUNHÃO
CORAÇÃO DE PAPEL
DANÇANDO LAMBADA
DESABAFO
DESESPERAR JAMAIS
DISPARADA
DONA
EGO
ESMOLA
ESPANHOLA
ESPINHA DE BACALHAU
ETERNAS ONDAS
EU DEI
EU NÃO EXISTO SEM VOCÊ
FACEIRA
FÃ Nº 1
FANATISMO
FARINHADA
FLOR DO MAL
FOI ASSIM
FORRÓ NO CARUARÚ
FRACASSO
FUSCÃO PRETO
GOSTOSO DEMAIS
GITA
HINO DO CARNAVAL BRASILEIRO
ILUSÃO À TOA
ISTO É LÁ COM SANTO ANTÔNIO
JURA SECRETA

LÁBIOS DE MEL
LEVA
LINHA DO HORIZONTE
LUA E FLOR
LUZ NEGRA
ME CHAMA
MEIA LUA INTEIRA
MERGULHO
MEU QUERIDO, MEU VELHO, MEU AMIGO
MEU MUNDO E NADA MAIS
MEXERICO DA CANDINHA
MUCURIPE
NA BATUCADA DA VIDA
NA HORA DA SEDE
NA SOMBRA DE UMA ÁRVORE
NÓS QUEREMOS UMA VALSA
NUVEM DE LÁGRIMAS
O AMANHÃ
O HOMEM DE NAZARETH
OLÊ - OLÁ
O MESTRE SALA DOS MARES
O SAL DA TERRA
OCEANO
ONDE ESTÁ O DINHEIRO?
O XÓTE DAS MENINAS
PEDRO PEDREIRO
PEQUENINO CÃO
PIOR É QUE EU GOSTO
PODRES PODERES
QUEM AMA, NÃO ENJOA
REALCE
REVELAÇÃO
SÁBADO
SAIGON
SAUDADE
SEM COMPROMISSO
SCHOTTIS DA FELICIDADE
SIGA
SURURÚ NA CIDADE
TALISMÃ
TEM CAPOEIRA
TETÊ
TIETA
UMA LOIRA
UMA NOVA MULHER
UNIVERSO NO TEU CORPO
VERDADE CHINESA
VIDA DE BAILARINA
VOCÊ JÁ FOI À BAHIA?
VITORIOSA

VOLUME 9

A COR DA ESPERANÇA
A PAZ
ACONTECE
ACONTECIMENTOS
ADMIRÁVEL GADO NOVO
AMOR DE ÍNDIO
AMOROSO
AOS NOSSOS FILHOS
APARÊNCIAS
ARREPENDIMENTO
AVES DANINHAS
BAIÃO CAÇULA
BAILA COMIGO
BANHO DE ESPUMA
BEIJA-ME
BIJUTERIAS
BOAS FESTAS
BOM DIA TRISTEZA
BRIGAS NUNCA MAIS
BRINCAR DE VIVER
CÁLICE
CASINHA BRANCA
CASO COMUM DE TRÂNSITO
CHOROS Nº 1
COISA MAIS LINDA
COMEÇO, MEIO E FIM
CORAÇÃO LEVIANO
CORRENTE DE AÇO
DÁ-ME TUAS MÃOS
DE ONDE VENS
DEVOLVI
DOLENTE
E NADA MAIS
E SE
ESPELHOS D´ÁGUA
ESPERE POR MIM, MORENA
ESTÁCIO HOLLY ESTÁCIO
ESTRANHA LOUCURA
EU APENAS QUERIA QUE VOCÊ SOUBESSE
FACE A FACE
FAZ PARTE DO MEU SHOW
FÉ CEGA, FACA AMOLADA
FEIA
FEIJÃOZINHO COM TORRESMO
FIM DE NOITE
FITA MEUS OLHOS
FOI ASSIM
FOTOGRAFIA
GUARDEI MINHA VIOLA
HOMENAGEM A VELHA GUARDA
IDEOLOGIA
ILUMINADOS
JOU-JOU BALANGANDANS
LAMENTO NO MORRO
LINDO BALÃO AZUL
LINHA DE PASSE
MALUCO BELEZA
MANHÃS DE SETEMBRO
MANIA DE VOCÊ
MEDITAÇÃO
MEU DRAMA
MINHA RAINHA
MORRER DE AMOR
NOSTRADAMUS
O POETA APRENDIZ
O TREM DAS SETE
OLHE O TEMPO PASSANDO
ORAÇÃO DE MÃE MENININHA
PEDAÇO DE MIM
PEGUEI A RETA
PELO AMOR DE DEUS
PERIGO
POXA
PRANTO DE POETA
PRECISO APRENDER A SÓ SER
PRELÚDIO
PRELÚDIO Nº 3
PRO DIA NASCER FELIZ
QUALQUER COISA
QUANDO O TEMPO PASSAR
RANCHO DO RIO
RATO RATO
RENÚNCIA
RIO DE JANEIRO (ISTO É MEU BRASIL)
SAUDADE QUERIDA
SEM PECADO E SEM JUÍZO
SENTINELA
SEPARAÇÃO
SEREIA
SERENATA DA CHUVA
SOL DE PRIMAVERA
SOMOS IGUAIS
SONHOS
SORRIU PRA MIM
TELETEMA
TODA FORMA DE AMOR
TODO AZUL DO MAR
TRISTEZA DE NÓS DOIS
UM SER DE LUZ
UMA JURA QUE FIZ

VOLUME 10

A LUA QUE EU TE DEI
A MULHER FICOU NA TAÇA
A TERCEIRA LÂMINA
ACELEROU
ALVORECER
AMAR É TUDO
ASSIM CAMINHA A HUMANIDADE
AVE MARIA DOS NAMORADOS
BLUES DA PIEDADE
BOM DIA
BYE BYE BRASIL
CALÚNIA
CASO SÉRIO
CHORANDO BAIXINHO
CHUVA
CIGANO
CIRANDEIRO
CLUBE DA ESQUINA Nº 2
COISA FEITA
COR DE ROSA CHOQUE
CORAÇÃO VAGABUNDO
DEUS LHE PAGUE
DEVOLVA-ME
DIVINA COMÉDIA HUMANA
DOM DE ILUDIR
É DO QUE HÁ
É O AMOR
ENTRE TAPAS E BEIJOS
ESPERANDO NA JANELA
ESQUADROS
ESTE SEU OLHAR
ESTRADA AO SOL
ESTRADA DA VIDA
EU VELEJAVA EM VOCÊ
FEITINHA PRO POETA
FEZ BOBAGEM
FORMOSA
FULLGAS
GOOD BYE BOY
INFINITO DESEJO
IRACEMA
JOÃO VALENTÃO
JUÍZO FINAL
LANÇA PERFUME
LATIN LOVER
LEÃO FERIDO
LUA DE SÃO JORGE
LUZ E MISTÉRIO
MAIS FELIZ
MAIS UMA VALSA, MAIS UMA SAUDADE
MALANDRAGEM
MENTIRAS
METADE
METAMORFOSE
MINHA VIDA
MINHAS MADRUGADAS
NÃO ME CULPES
NÃO TEM TRADUÇÃO
NAQUELA ESTAÇÃO
NÚMERO UM
O QUE É, O QUE É
O QUE TINHA DE SER
O SONHO
O TEMPO NÃO PARA
OBA LA LA
ONTEM AO LUAR
OURO DE TOLO
PARTIDO ALTO
PAU DE ARARA
PEDACINHOS
PELA RUA
PENSAMENTOS
PODER DE CRIAÇÃO
POR CAUSA DESTA CABOCLA
POR ENQUANTO
POR QUEM SONHA ANA MARIA
PORTA ESTANDARTE
PRA QUE DINHEIRO
PRAÇA ONZE
PRECISO DIZER QUE TE AMO
PRECISO ME ENCONTRAR
PUNK DA PERIFERIA
RAINHA PORTA-BANDEIRA
RESPOSTA AO TEMPO
RIO
SE...
SEI LÁ A VIDA TEM SEMPRE RAZÃO
SENTIMENTAL DEMAIS
SERENATA DO ADEUS
SINAL FECHADO
SÓ PRA TE MOSTRAR
SOZINHO
SUAVE VENENO
TRISTE
VALSA DE REALEJO
VIAGEM
VILA ESPERANÇA
VOCÊ
VOU VIVENDO